# FABLES CHOISIES

DE

# L'ABBÉ AUBERT

ET DE

# LAMOTHE-HOUDART.

SENLIS, IMPRIMERIE DE TREMBLAY.

C'en fut assez pour cette sage mère qui se sentait trop attendrie.

# FABLES CHOISIES
## DE
### l'Abbé Aubert,
### et de
### LAMOTHE HOUDART

Mises en Ordre par Fry

2ᵉ ÉDᴼᴺ

PARIS.

Chez Masson & Yonet Libraires,
— Rue Hautefeuille, Nº 14. —

1828.

# L'ABBÉ AUBERT.

# FABLES CHOISIES

DE

## L'ABBÉ AUBERT.

---

### FANFAN ET COLAS.

Fanfan gras et vermeil, et marchant sans lisière,
    Voyait son troisième printemps.
D'un si beau nourrisson Pérette toute fière,
S'en allait à Paris le rendre à ses parens.
    Pérette avait, sur sa bourrique,
  Dans deux paniers, mis Colas et Fanfan.
De la riche Cloé celui-ci fils unique,
Allait changer d'état, de nom, d'habillement,
    Et peut-être de caractère.
    Colas, lui, n'était que Colas,
  Fils de Pérette et de son mari Pierre.
Il aimait tant Fanfan qu'il ne le quittait pas.

Fanfan le chérissait de même.
Ils arrivent. Cloé prend son fils dans ses bras :
Son étonnement est extrême,
Tant il lui paraît fort, bien nourri, gros et gras.
Pérette de ses soins est largement payée ;
Voilà Pérette renvoyée ;
Voilà Colas que Fanfan voit partir.
Trio de pleurs. Fanfan se désespère :
Il aimait Colas comme un frère ;
Sans Pérette et sans lui, que va-t-il devenir ?
Il fallut se quitter. On dit à la nourrice :
Quand de votre hameau vous viendrez à Paris,
N'oubliez pas d'amener votre fils,
Entendez-vous, Pérette ? On lui rendra service.
Pérette le cœur gros, mais plein d'un doux espoir,
De son Colas déjà croit la fortune faite.
De Fanfan cependant Cloé fait la toilette.
Le voilà décrassé, beau, blanc, il fallait voir.
Habit moiré, toquet d'or, riche aigrette.
On dit que le fripon se voyant au miroir,
Oublia Colas et Pérette.
Je voudrais à Fanfan porter cette galette,
Dit la nourrice un jour ; Pierre, qu'en penses-tu ?
Voilà tantôt six mois que nous ne l'avons vu.

Pierre y consent; Colas est du voyage.

Fanfan trouva ( l'orgueil est de tout âge )

Pour son ami, Colas trop mal vêtu :

Sans sa galette il l'aurait méconnu.

Pérette accompagna ce gâteau d'un fromage,

De fruits, et de raisins, doux trésors de Bacchus.

Les présens furent bien reçus,

Ce fut tout; et tandis qu'elle n'est occupée

Qu'à faire éclater son amour,

Le marmot, lui, bat du tambour,

Traîne son charriot, fait danser sa poupée.

Quand il a bien joué, Colas dit : C'est mon tour.

Mais Fanfan n'était plus son frère,

Fanfan le trouva téméraire;

Fanfan le repoussa d'un air fier et mutin.

Pérette alors prend Colas par la main :

Viens, lui dit-elle avec tristesse,

Voilà Fanfan devenu grand seigneur;

Viens, mon fils, tu n'as plus son cœur.

L'AMITIÉ disparaît où l'égalité cesse.

## CLOÉ ET FANFAN.

J'ai peint Fanfan ingrat envers Pérette,
    Pérette qui l'avait nourri ;
Je l'ai peint dédaignant Colas pour son ami.
Et logeant la fierté déjà sous sa bavette.
  Fanfan grandit ; et malgré les avis
    De Cloé, mère tendre et sage,
    Son orgueil s'accrut avec l'âge :
Le fripon insultait tous les gens du logis.
  Que fit Cloé pour corriger son fils ?
    Cloé par un adroit mensonge
    Vint à bout de changer son cœur.
Mon fils, dit-elle un jour, apprenez le malheur
    Où le juste destin vous plonge :
Vous n'êtes point à moi ; Pérette et son mari
    Ont trompé tous deux ma tendresse ;
    Ce secret vient d'être éclairci.
De vous sacrifier ils ont eu la faiblesse.
 Soit amour pour Colas, soit toute autre raison,
Soit l'espoir de tirer quelque jour avantage
Des trésors usurpés par vous dans ma maison,

## AUBERT.

Ils vous ont fait changer de nom,
D'habit, d'état et d'héritage.
Mais enfin le remords a dévoilé l'horreur
De leur détestable artifice;
Colas est mon enfant et vous êtes le leur.
Je retire mon fils des mains de sa nourrice,
Il va rentrer aujourd'hui dans ses droits,
Et vous allez partir : votre orgueil en murmure,
Adieu, je sentais bien, Colas, que la nature
Dans mon ame pour vous n'élevait point sa voix.
Fanfan troublé, muet, l'œil fixé sur sa mère,
A ce nom de Colas laisse couler des pleurs.
Cloé tournant les yeux ailleurs,
Pour pousser jusqu'au bout l'affaire,
Tient ferme, le dépouille, et lui met les habits
Qu'il devait porter au village.
Mille sanglots alors échappent à son fils,
Les pleurs inondent son visage;
Il parle enfin : Maman, que vais-je devenir?
Mal vêtu, mal nourri, fils du paysan Pierre,
Je serai malheureux... Oui, Colas, mais qu'y faire!
Le ciel de votre orgueil a voulu vous punir.
Colas, vous méprisiez mon fils et votre mère,
Vous traitiez durement tous ceux que la misère

Pour subsister obligé de servir ;
>Vous allez apprendre à les plaindre.
>Vous voyez qu'au sein du bonheur
>Les retours du sort sont à craindre :
De vos cruels dédains reconnaissez l'erreur.
>Si mon fils allait vous les rendre ?
S'il allait à son tour... Fanfan n'y tenant plus,
Tombe aux pieds de Cloé, désespéré, confus,
>La conjure de le reprendre.
Je servirai, lui dit-il, votre fils ;
Je le respecterai, je lui serai soumis.
>C'en fut assez pour cette sage mère,
>Qui se sentait trop attendrir :
Elle embrassa son fils ; quitta cet air sévère,
L'appela par son nom, loua son repentir,
>Et désormais eut lieu de s'applaudir
>De cette leçon salutaire.

---

## L'ABRICOTIER.

Un manant imbécile, et vain par conséquent ;
>Car l'un ne va jamais sans l'autre,
>Et je crois l'esprit d'un manant,

En ce point-là, peu différent du nôtre :
Un rustre se plaignant qu'un destin trop ingrat
    Ne l'eût pas placé sur le trône,
Attendu ses talens pour régir un état ;
Blâmant, critiquant tout, et glosant sur le prône,
    Aperçut un abricotier,
Tortu, mais jeune encor, et qu'un jardinier sage
    S'était contenté d'étayer.
Mon Dieu ! que d'hébêtés, dit-il, dans mon village!
Ces gens-ci, par exemple, ont bien trouvé cela :
    Ils ont long-temps rêvé, je gage,
Pour accoûtrer ainsi l'arbrisseau que voilà.
    Eh! parbleu, si c'est leur envie,
    De redresser cet arbre là :
Il penche par ici, qu'ils le courbent par-là :
Sous l'effort de leurs bras il faudra bien qu'il plie.
Je n'ai jamais été jardinier de ma vie,
    Et contre eux je vais parier,
Qu'en moins de quatre coups, de leur abricotier
Je corrige à l'instant la pente vicieuse.
Il dit et commença d'abord par le lier,
Puis s'efforçant de loin de le faire plier,
Il attirait à lui sa tige tortueuse.
    Il croyait agir sagement :

Garo ne songeait pas que c'est une folie
De détruire un défaut par un autre penchant.
Pomone avec chagrin voit agir ce manant.
    Sa sottise est bientôt punie ;
L'arbre crie et se rompt, et tombe en gémissant.

Écoute-moi, pédant, dont la philosophie,
Au lieu de les régler, dérange nos cerveaux.
    J'ai peint dans cette allégorie
  Les heureux fruits de tes rares travaux.
En des défauts plus grands tu changes mes défauts,
Tu veux me redresser et ta main m'estropie.

## LES FOURMIS.

La reine des Fourmis mourut : on la pleura.
    Le trône était héréditaire.
Elle n'avait qu'un fils ; ce fils lui succéda.
Mais il n'imita point les vertus de sa mère,
    Et bientôt on le détrôna :
Ce peuple avec ses rois n'entend pas raillerie.
Voulant à l'avenir éviter un tel cas,

Il abolit la monarchie.
Il fallut pour cela convoquer les états.
  Ils créèrent des magistrats ;
  Ils accrurent la tyrannie ;
Et de ce nouveau joug chacun fut bientôt las.
Pour avoir mal choisi, ces insectes conclurent
Qu'un tel gouvernement ne leur convenait pas ;
Et leurs meilleurs cerveaux dès l'instant résolurent
De n'avoir désormais ni magistrats ni roi :
Le Louvre fut détruit et les lois disparurent.
Alors chaque fourmi ne vécut que pour soi.
  Que m'importe si ma voisine
Pour passer son hiver n'a pas assez de grains ?
Je n'irai pas quitter le soin de ma cuisine
  Pour enrichir ses magasins :
L'une ainsi raisonnait. Grace à Dieu, disait l'autre,
Mon grain me durera quatre bonnes saisons ;
  Plutôt que de donner du nôtre ;
Le printemps et l'été nous nous reposerons.
Plusieurs avaient, parmi ces insectes avares,
Au pied d'un petit mont établi leurs foyers ;
D'autres sur la hauteur avaient mis leurs dieux Lares.
L'Aquilon de ceux-ci vide un soir les greniers.
  Les dames d'en-bas toutes fières

D'avoir leurs magasins entiers,
Quand ils viennent quêter, rejettent leurs prières.
Mais la pluie à son tour ravageant leurs logis,
　　Ces bestioles trop altières
Vont des rives du Styx grossir les fourmilières.
Leurs voisins par l'épargne et le temps rétablis,
Les laissèrent périr sans en être attendris.
Une jeune Fourmi vit un jour avec joie
Un bel épi de blé à deux pas de son trou.
Vingt Fourmis près de là trottaient sans savoir où :
Aidez-moi, leur dit-elle, à charger cette proie.
C'est très-bien dit vraiment, répond chaque Fourmi ;
Allez vous fatiguer pour cette demoiselle ?
Quant à moi, je prends l'air ; mon grenier est rempli :
　　Le ciel vous assiste, la belle !
De leur mépris barbare elle se vengea bien ;
　　( Le dépit donne du courage : )
Tandis qu'elles goûtaient les plaisirs du voyage,
　　La dame alla piller leur bien.
De retour au logis, les autres ne trouvèrent
　　Que la moitié de leur provision :
Pour unique ressource elles se désolèrent ;
Personne ne prit part à leur affliction.

Les hommes deviendraient bientôt insociables,
S'ils ne connaissaient plus ni monarques ni lois ;
Et les refus cruels qu'essuîraient leurs semblables
    Leur nuiraient à tous à la fois.
Cérès a dans mon champ répandu ses largesses ?
Ce que j'aurai de trop sera pour mon voisin,
    Qu'elle a privé de ses richesses ;
Et sa reconnaissance est un trésor certain,
    Où je puiserai l'abondance,
Quand Cérès me voyant avec indifférence,
    Pour lui seul ouvrira son sein :
Tel est le fondement de la loi naturelle :
Mais tant de passions en détachent nos cœurs,
    Que pour nous ramener vers elle,
Il faut des dieux, des rois et des décrets vengeurs.

## LE PATRIARCHE.

Un Vieillard au trépas s'avançait sans efforts ;
Et l'âge chaque jour lui rendait plus aisée
La route qui conduit au royaume des morts :
Un de ses pieds touchait le seuil de l'Elysée.

Ayant vécu sans crime, il mourait sans remords.
   Ce sage comptait ses années
Par d'utiles vertus l'une à l'autre enchaînées.
   L'univers avait profité
   De son long séjour sur la terre.
Généreux citoyen, sensible époux, bon père,
Ses momens furent tous à la société.
Pour elle il encensa le dieu de la richesse,
Heureux d'avoir acquis, parce qu'il put donner.
De nœuds sacrés pour elle il voulut s'enchaîner ;
Heureux de l'augmenter des fruits de sa tendresse.
Toujours utile au monde, il n'eut point la faiblesse
  De le quitter par dégoût, par ennui.
Il ne crut pas devoir ravir à sa patrie
L'exemple des vertus, ses soins, son industrie,
Ni chercher le repos dans la haine d'autrui.
Des ans de ce Vieillard la mesure est complète,
Et le ciel va bientôt le rappeler à lui.
La mort aux environs promenant son squelette,
  Sur son chemin, prend en attendant mieux,
  Un philosophe ingrat envers les dieux,
Misantrope chagrin, dont la langue indiscrète
Au monde qu'il fuyait voulait rendre odieux
De la société les liens précieux.

On la laisse attaquer cet homme en sa retraite.
Quoiqu'il fût jeune encore, à peine on le regrette ;
A peine on s'aperçoit qu'il a quitté ces lieux.

    Enfin, précipitant sa marche,
La mort, la mort arrive au lit du Patriarche.
La cruelle d'abord fixa ses yeux jaloux
    Sur ce vieil habitant du monde,
Victime tant de fois échappée à ses coups.
Autour de lui régnait une douleur profonde ;
Enfans, amis, valets que ses soins généreux
    Traitaient en amis malheureux,
Tous pleuraient, tous semblaient pleurer entre eux un père.
La mort allait frapper une tête si chère,
Mille cris un instant suspendent son courroux ;
Un instant seulement ; et l'affreuse déesse,
Sous ses doigts décharnés pressant ce faible corps,
    Usé, flétri par la vieillesse,
Achève d'en briser les fragiles ressorts.
Quoiqu'on eût dès long-temps dû prévoir ses atteintes,
Malgré le poids des ans, malgré la loi du sort
    Qui nous soumet tous à la mort,
Les cœurs sur ce Vieillard s'ouvrent encore aux plaintes
La sagesse après soi laisse un long souvenir.
On plaignit ses enfans, on pleura son grand âge :

Il avait de ses jours fait un si bel usage !
Ces hommes, disait-on, ne devraient pas mourir.

On n'en dit pas autant de ces prétendus sages,
    Qui d'un faux dehors revêtus,
Se croyant plus parfaits, plus leurs mœurs sont sauvages,
    N'ont que le masque des vertus ;
Fardeau du genre humain que leur perte soulage.
L'univers perd beaucoup dans un bon citoyen,
Dont la postérité pourtant le dédommage ;
Ceux-là meurent entiers, l'univers n'y perd rien.

# L'ANE ET SON MAITRE.

Un Ane des plus sots prétendait faire accroire
Que sa cervelle était un trésor de bon sens.
    On en parlerait dans l'histoire.
    Les dieux avaient sué vingt ans
Pour former les ressorts qui jouaient là-dedans.
    Raison, sagesse, esprit, mémoire,
    Il avait tout en un degré parfait.
Si l'avenir regrette un Socrate Baudet,

La race des Baudets lui devra cette gloire.
Le galant enivré de cet orgueil si vain,
    Résistant un jour à son maître,
    Refusa d'aller au moulin.
    Cet emploi dégradait son être :
    Le beau métier pour un Caton!
    Ha! je trouve celui-là bon,
Dit Gros-Jean le meunier. Et que prétends-tu faire?
    Penser, reprit l'Aliboron :
Je ne veux plus désormais d'autre affaire.
Faites porter vos sacs à quelque Ane vulgaire;
    Et respectez un sage comme moi.
Le bon homme se tut. Quelle mouche le pique,
Disait-il en lui-même? il est fou sur ma foi :
Gros-Jean, la tête tourne à ta pauvre bourrique.
    Ce mal lui vient je ne sais d'où.
    Laissons-la penser tout son soûl;
    Et cependant retranchons sa pitance.
Ce parti n'était pas trop sot pour un meunier.
    L'Ane bientôt se lassa d'un métier
    Qui ne remplissait pas sa panse.
Il se plaignit. Gros-Jean tout aussitôt
    Lui dit : Impertinente bête,
    Me prends-tu pour un idiot;

Quel fruit me revient-il des rêves de ta tête ?
Porte ton bât, travaille, et l'on te nourrira.

 Tout en irait mieux sur la terre
  Si chacun se bornait à faire
Le métier pour lequel Jupiter l'appela.

## LE MERLE

D'un bois fort écarté les divers habitans,
Animaux, la plupart sauvages, malfaisans,
  De l'homme ignoraient l'existence.
Nos semblables jamais ne pénétrèrent là.
Un Merle en un couvent élevé dès l'enfance,
En voyageant au loin, parvint chez ces gens-là.
Il était beau parleur, et sortait d'une cage,
Où Merle de tout temps apprit à s'énoncer
  En jeune oiseau dévot et sage.
Son zèle dans ce bois eut de quoi s'exercer.
Éclairons, disait-il, nos frères misérables ;
Tout Merle à ce devoir par état engagé,
Plus éclairé, plus saint, doit prêcher ses semblables.

Un jour donc notre oiseau sur un arbre perché,
Harangua vivement les plus considérables
D'entre ces animaux à son gré si coupables.
Nouveau missionnaire, il suait en prêchant.
D'abord on ne comprit son discours qu'avec peine :
  Il parlait d'un être puissant,
Qu'il nommait Homme, ayant l'univers pour domaine,
Sachant tout, et pouvant, s'ils ne s'apprivoisaient,
Détruire par le feu toute leur race entière.
Ours, tigres, sangliers étaient là qui bâillaient :
Mais à ce dernier trait ils dressent la crinière.
Le Merle profitant d'un instant précieux,
S'agite, entre en fureur, et déploie à leurs yeux
  Les grands traits de l'art oratoire :
( Eschine en ses discours montrait moins d'action )
On dit qu'il arracha des pleurs à l'auditoire.
Dans le bois chacun songe à sa conversion,
Et tremble d'encourir la vengeance de l'Homme.
  Sur ce nouveau roi qu'on leur nomme,
 Au docteur Merle ils font cent questions.
L'Homme est, répondait-il, doué par la nature
  De toutes les perfections.
  Il a donc une belle hure,
  Dit le porc en l'interrompant ?

Sans doute qu'il reçut une trompe en partage,
    Reprit à son tour l'éléphant ?
Le tigre prétendait qu'il devait faire rage
    Avec ses griffes et ses dents ;
Et l'ours qu'entre ses bras il étouffait les gens.
Les faibles s'en formaient des images pareilles,
Et pensaient le douer d'attributs assez beaux,
Le cerf, en lui donnant des jambes de fuseaux,
    Et l'âne de longues oreilles.

Tout ce qui nous ressemble est parfait à nos yeux.
D'après leurs traits grossiers, leur instinct vicieux,
    Ces animaux peignaient les hommes.
    Et vils insectes que nous sommes,
A notre image aussi notre orgueil peint les dieux.

# LES FORÇATS.

Des criminels à périr condamnés,
    Chargés de fers, accablés de misères,
Comptaient des jours sans cesse empoisonnés
Par la rigueur de leurs destins contraires.

Aux malheureux sied-t-il d'être jaloux,
De se haïr, de connaître l'envie?
Ceux-ci rivaux, et se trahissant tous,
En noirs complots passaient leur triste vie.
Un jour livrés au plus affreux courroux,
Et se frappant avec leurs propres chaînes;
Ces furieux se meurtrirent de coups.
Quelqu'un leur dit : Cruels ! y pensez-vous?
Quelle fureur vous fait doubler vos peines !
Modérez-les plutôt en vous aimant.

Humains, humains, je vous en dis autant.

## LE SOMMEIL DU MÉCHANT.

Un soir, sous un berceau, quelqu'un voyant dormir
 Un tyran qui passait sa vie
A tourmenter autrui, pour l'unique plaisir
 De contenter sa barbarie,
 Ne put s'empêcher d'en gémir :
« Ce scélérat, dit-il, dort d'un aussi bon somme
 » Que pourrait faire un honnête homme ;

» Dans ce repos si doux et si peu mérité,
» Je ne reconnais point la céleste équité, »
Un vieillard l'entendit : « Tremble qu'il ne s'éveille,
» Lui dit tout bas cet homme, et rends grâces aux dieux
» De ce qu'en attendant la paix règne en ces lieux :
» Le crime dort tandis que le tyran sommeille.
» Les dieux, lorsque la nuit brunit l'émail des champs,
 » Et noircit les palais des villes,
» Accordent quelquefois le sommeil aux méchans,
 » Afin que les bons soient tranquilles. »

———

*Voici le même sujet traité par Bret.*

Sous ses lambris dorés un tyran détesté
Dormait, en apparence, avec tranquillité.
« Le sommeil, dit quelqu'un, est-il fait pour le crime ?
 » Eh, quoi ! le ciel épargne sa victime !
  » — Imprudent ! au bruit que tu fais,
 » Dit un faquir, tremble qu'il ne s'éveille !
 » Le ciel permet que le méchant sommeille,
 » Pour que le sage ait des momens de paix. »

## L'HORLOGE A RÉVEIL.

Un homme, à qui la mort, à force d'y songer,
　　Rendait la vie insupportable,
Pour médecin un jour choisit son horloger :
Choix par lequel il crut se sauver du danger
Qu'on court entre les mains d'un docteur véritable.
C'était la nuit surtout que cet homme craignait
De l'infernale faux l'invasion subite.
« Encor faut-il du moins savoir l'heure qu'il est,
» Quand la Mort, disait-il, vient nous rendre visite.
» Faites-moi, sans grands frais, monsieur George, un réveil
　　» Qui sonne l'heure et la demie. »
Monsieur George obéit ; et voilà du sommeil
Les pavots dispersés par cette sonnerie ;
Voilà notre hypocondre agité de la peur
D'entendre sonner l'heure et de perdre la vie :
Il maudit l'horloger qui, doublant sa terreur,
　　Lui cause une double insomnie.
Celui-ci prend alors le ton d'un vrai docteur :
« Je ne vois, lui dit-il, dans votre maladie

» Qu'une sombre et triste vapeur
» Que ce réveil aurait guérie,
» Si vous ne m'aviez pas prescrit l'économie :
» Payez-en plus cher la façon,
» Et j'y vais adapter un brillant carillon
» Qui chassera soudain cette mélancolie. »
« Soit, » dit le vaporeux. Inutile industrie !
Dans un cerveau timbré tout se change en poison.
Le carillon en vain à toute heure varie ;
La peur saisit d'abord notre homme au premier son,
Et comme une longue agonie,
Tant que dure chaque air, lui donne le frisson.
A la fin il perdit courage.
Mais pourquoi de la mort ainsi se tourmenter ?
Cet homme, il n'en faut point douter,
Avait fait de la vie un criminel usage.

QUICONQUE ici-bas vit en sage,
Et des arrêts du ciel n'a rien à redouter,
Bravant jusques au bout les dangers du voyage,
Prend les heures sans les compter.

## LE LIVRE DE LA RAISON.

Lorsque le ciel, prodigue en ses présens,
Combla de biens tant d'êtres différens,
Ouvrages merveilleux de son pouvoir suprême ;
De Jupiter l'homme reçut, dit-on,
Un livre écrit par Minerve elle-même,
Ayant pour titre : *La Raison.*
Ce livre ouvert aux yeux de tous les âges,
Les devait tous conduire à la vertu.
Mais d'aucun d'eux il ne fut entendu,
Quoiqu'il contînt les leçons les plus sages.
L'enfance y vit des mots et rien de plus ;
La jeunesse, beaucoup d'abus ;
L'âge suivant, des regrets superflus :
Et la vieillesse en déchira les pages.

## LE MIROIR.

Un Miroir merveilleux et d'utile fabrique,
Où se peignait par art le naturel des gens,
Attirait au milieu d'une place publique,
    Les regards de tous les passans :
J'ignore chez quel peuple ; il n'importe en quel temps.
Chacun glose à l'envi sur ce tableau fidèle.
Arrive une coquette : elle y voit traits pour traits,
Ses petits soins jaloux et ses penchans secrets :
Sans mentir, voilà bien le portrait d'Isabelle !
Présomption, désirs, mépris d'autrui : c'est elle ;
C'est son esprit tout pur, je la reconnais-là :
    Le joli miroir que voilà !
Et combien je m'en vais humilier la belle !
    Un petit-maître succéda ;
Et la glace aussitôt présente pour image
    Beaucoup d'orgueil, et fort peu de raison :
Parbleu ! je suis ravi que l'on ait peint Damon,
S'écrie, en se mirant, l'important personnage ;
    Et je voudrais, que, pour devenir sage,
De ce Miroir malin il prit quelque leçon.

Après ce fat, vint un vieil Harpagon,
  D'une espèce tout-à-fait rare.
Il tire une lunette et se regarde bien ;
  Puis ricanant d'un air bizarre,
C'est Ariste, dit-il, ce vieux fou, cet avare,
Qui se ferait fouetter pour accroître son bien ;
J'aurais un vrai plaisir à montrer sa lésine ;
Et paierais de bon cœur cette glace divine,
  Si l'on me la donnait pour rien.
Mille gens vicieux, sur les pas de cet homme,
Tour-à-tour firent voir la même bonne foi :
Chacun d'eux reconnut dans le brillant fantôme,
  Qui l'un, qui l'autre, et jamais soi.

  Tout homme est vain, tout homme aime à médire :
  On rirait moins des traits de la satire,
Si la présomption, dont naquit le dédain,
  Entre eux et nous ne mettait le prochain.

---

## LES DEUX VIEILLES CHATTES.

  Certaine Chatte douairière,
Avec une autre vieille un jour s'entretenait :

Devinez sur qu'elle matière ?
C'était d'amour qu'il s'agissait.
Sur l'amour on ne tarit guère :
( Je ne parle que du caquet. )
Femelle d'homme une journée entière
En jasera sans se faire prier :
Femelle de matou par fois aussi babille
Sur ce chapitre, un jour entier.
Celle que j'introduis en son temps fut gentille.
L'autre vieille était Chatte aussi de son métier :
Ne trouvez-vous pas ma commère,
Qu'en amour, comme en tout, le siècle dégénère;
Et que nos jeunes Chats, autrefois si galans,
Sont devenus grossiers, brutaux, impertinens ?
Mon Dieu! j'en suis choquée autant que vous, ma chère?
Leurs procédés font mal au cœur.
Jadis il n'était pas de si laide gouttière,
Qui ne parût charmante aux yeux du Chat vainqueur,
Dont j'y récompensais la tendresse sincère
Par quelque légère faveur.
Nos plus jeunes minets alors étaient fidèles.
Ma chère, vous rouvrez des blessures cruelles,
Dit l'autre; et je connais bien des ingrats aussi.
Un Chat les entendait : Le beau train que voici !

Avez-vous tout conté, mes deux bonnes amies,
    Dit-il, en rompant l'entretien?
Quand nous étions galans, vous étiez plus jolies.
Grondez, emportez-vous; vos cris n'y feront rien.
Vous ne remarquez pas que vous êtes vieillies;
    Mais pour nous, nous le voyons bien.

Coquettes, qui briguez vainement la louange
Quand de vos yeux éteints les ris sont délogés;
    Vous criez que le siècle change,
    Tandis que c'est vous qui changez.

## L'HIRONDELLE ET L'UN DE SES PETITS.

La défense pour nous a je ne sais quels charmes
Qui doublent le plaisir dans notre opinion.
Maris, ne vous servez jamais de telles armes,
    C'est surcroît de tentation.

Mon fils, disait un jour l'Hirondelle tremblante
A l'un de ses petits volant aux environs,
    Je vois là-haut certains bâtons

Qui m'alarment pour vous ; quelque main malfaisante
    Les mit là pour bonnes raisons.
Ne vous y frottez pas, croyez-en votre mère.
J'ai vécu ; je connais ces perfides humains :
Leur race est occupée à dépeupler la terre.
Fuyez ; à leur fureur dérobez vos destins :
Je vous donne, mon fils, un conseil salutaire.
Bon ! dit l'autre tout bas, voilà de ses chansons ;
    Propos de vieille radoteuse !
Je ne puis plus voler que son humeur grondeuse
Ne me fasse aussitôt essuyer vingt sermons.
    Je ne comprends pas quel mystère
Peut rendre dangereux les bâtons que voilà.
J'en aurai le cœur net. D'une aile téméraire
    Le drôle à l'instant y vola.
  Il y fut pris : ces bâtons, dit l'histoire,
    Étaient enveloppés de glu.
    Il y demeura suspendu,
    Bien honteux, comme on peut le croire.
Un enfant arriva qui saisit le vaurien :
    Sa liberté fut pour jamais perdue.
Cet appât dans le fond ne lui plaisait en rien,
    Mais c'était chose défendue.

## L'ANE ET LE ROSSIGNOL.

On m'a conté qu'une bourrique,
En dépit de sa voix et du peu de talens
Dont l'avare nature orna ces sottes gens,
    Voulut apprendre la musique.
    Pour réussir en son projet,
L'animal chaque jour allait dans la forêt,
    Étudier le chant de Philomèle.
    Il ne l'eut pas entendu quatre fois,
    Qu'il se flatta de l'emporter sur elle.
Ah! vraiment, disait-il, j'ai bien une autre voix!
    Je vais gager, sans trop de vaine gloire,
    Que tous les chantres de ce bois,
Au moindre de mes sons céderont la victoire.
    Aussitôt l'orgueilleux baudet
    Se met à braire à pleine tête.
    Effrayé de cette tempête,
Dans tous les environs le peuple ailé se tait.
    C'en fut assez, l'impertinente bête
S'attribua l'honneur d'un triomphe parfait.

## LA SOURIS ET LE VIEUX RAT.

La Souris dans son trou réfléchissant jadis
Sur le destin des chats, sur celui des Souris:
Ce monde, disait-elle, est un plaisant ouvrage!
    Les grands en chassent les petits:
      Chacun y signale sa rage,
      Et c'est à qui se mangera.
Le seigneur Jupiter qu'on dit être si sage,
      A bien mal arrangé cela.
Car pourquoi, par exemple, en créant notre espèce,
      A-t-il aussi créé des chats?
Ces animaux pervers, attachés à nos pas,
    Font peu d'honneur à sa sagesse.
    Tout en raisonnant sur ce cas,
    Dame Souris se met en quête.
    Une souricière l'arrête:
    Autres plaintes, autre embarras.
C'est encore, dit-elle, un tour de cette engeance:
      Il me faut périr sous leurs coups.
Et puis louez les dieux d'une triste existence,

Qui sert de jouet aux matous !
Un vieux Rat converti, voisin de sa demeure,
S'en vint lui dire alors : Ma commère, entre nous,
    Je vous entends depuis une heure
    Tenir les propos les plus fous.
    D'abord votre injuste colère
S'en prend à tort aux chats. Jamais chat n'a su faire
    Une prison semblable à celle-là.
    Ce fut l'homme qui l'inventa,
Lui que vengent les chats de notre brigandage.
    Vous souvient-il de ce fromage
Qui périt l'autre jour ici sous votre dent?
Vous le voliez à l'homme; et quand l'homme vous prend,
    C'est Jupiter qui n'est pas sage.
J'ai pensé comme vous, ma commère, mais l'âge
Est venu m'enseigner ce précepte excellent :
Les maux dont nous voulons rendre le ciel garant,
    Sont souvent notre propre ouvrage.

## L'ENFANT ET LE VER A SOIE.

Certain enfant avait un ver à soie,
Dont il faisait ses plus doux passe-temps.
Un rien divertit les enfans.
Celui-ci n'avait pas de plus parfaite joie
Que celle d'élever son jeune prisonnier.
Il faut qu'à toute heure il le voie,
Qu'il le nourrisse et qu'il le choie :
Il ne l'eût pas donné pour l'univers entier.
De son tendre feuillage il dépouille un mûrier ;
De cartons enlacés fait un château fragile,
De feuilles le tapisse, et dans ce domicile
Met le vermisseau reposer.
Lui de s'y promener, d'y filer, d'y manger :
C'est plaisir qu'être esclave en un si doux asile !
Le temps vint que Nature, aux regards des humains
Voulant dérober ses merveilles,
Fit qu'à bâtir le ver employa quelques veilles.
A l'ouvrage elle seule elle prêta les mains,
Tout ce que touche la Nature

Devient or sous ses doigts. L'insecte en peu de temps
Se façonne un logis d'admirable structure.
  Il se retire là-dedans,
Pour en sortir un jour sous une autre parure.
L'enfant voudrait déjà qu'il eût brisé ses fers;
Il voudrait qu'à l'instant, d'habitant de la terre,
  Il devînt citoyen des airs ;
  Il voudrait déjà qu'il fût père :
Pour un seul ver, dit-il, j'aurai cent vermisseaux.
Le voile où s'opérait cette métamorphose,
Semblait trop retarder tant de plaisirs nouveaux.
A couper ce tissu le marmot se dispose.
Sa main mal assurée et les cruels ciseaux
De concert avec ceux de la Parque fatale,
Pour l'insecte chéri trop funeste concours,
Tranchèrent et sa soie et le fil de ses jours :
De sa coque il passa dans la barque infernale.

C'est ainsi qu'en voulant se hâter de jouir,
Souvent on perd un bien qu'on allait recueillir.

## LA COLOMBE ET LE NID DE PINÇONS.

Pour autrui de l'urbanité,
Pour son roi de l'amour, pour soi de la gaîté,
Voilà des dons que j'idolâtre.
Mais ce n'est point assez : sur ce vaste théâtre
Où tour-à-tour nous naissons et mourons,
Je veux que l'on joigne à ces dons
La pitié pour autrui quand le destin l'accable.
Écoutez les héros que fait parler la fable ;
Plus éloquens entre eux qu'ils ne sont dans mes vers,
Plus sage que leur roi, tyran de l'univers,
Qu'ils apprennent à l'homme à chérir son semblable.

Une Colombe en voyageant,
Du nid infortuné d'un Pinçon indigent
Fit, dit-on, la rencontre heureuse ;
Heureuse pour un cœur noble et compâtissant :
Or la Colombe est tendre, et partant généreuse.
Pour ces gens aussitôt se prenant d'amitié ;
Elle approche, elle voit la faim qui les assiége.
La mère avait péri depuis peu dans un piége ;

Le père était estropié ;
Les petits se mouraient : ce nid faisait pitié.
La colombe en pleura. C'eût été grand dommage
Que le sort ne l'eût pas conduite en ce lieu-là !
La mort un peu plus tard dévorait tout cela :
  Le ciel a béni son voyage.
De ces pauvres enfans la voilà qui prend soin,
 Les échauffant, leur donnant la pâture,
 Exprès pour eux l'allant chercher au loin.
Quand son cœur eût été guidé par la nature,
  La nature n'eût pas fait mieux.
 Elle y volait au lever de l'aurore,
Repaissant les petits dès qu'ils ouvraient les yeux,
  Le soir elle y volait encore ;
Puis le nid bien repu recevait ses adieux.
Le Pinçon attendri la recommande aux dieux.

 Le temps vint, ( hélas ! tout s'oublie )
Que le père guéri, les petits voletans
  Purent aller chercher leur vie.
Notre Colombe arrive un beau jour de printemps
Les ingrats aussitôt prennent la clef des champs ;
Tous quittèrent le nid, tous fuirent devant elle.
 Quelqu'un lui dit : ne vous chagrinez pas,

( Ce fut, je pense l'hirondelle ),
Il est beau, croyez-moi, de faire des ingrats.

## LE RENARD PEINTRE.

Au temps d'Ésope, où tous les animaux,
    Discourans comme les sept Sages,
Comptaient entre eux d'illustres personnages,
    Des rois, des savans, des héros ;
Un Renard qui marchait sur les traces d'Apelle,
Avec tel artifice avait peint un tableau,
    Que l'âne, l'ours et le taureau,
Y retrouvaient, dit-on, leur image fidèle.
Ces gens, comme on croit bien, n'étaient pas peints en beau
Pardevant le lion ils allèrent se plaindre.
    Celui-ci pour toutes raisons,
Leur dit : Vous l'accusez d'avoir voulu vous peindre ?
Au bas de son ouvrage a-t-il écrit vos noms ?
Nullement, dirent-ils. Eh ! qui donc vous oblige
    De vous appliquer les traits ?
Mais la malignité charge tous ses portraits...
    Qui s'y reconnaît se corrige.

On osa de tout temps attaquer nos défauts
Par l'artifice heureux d'un adroit badinage :
    De tout temps le ciel fit les sots
    Pour les menus plaisirs du Sage.

## LA POULE.

Une Poule encor jeune attirait par ses cris
    Les habitans du voisinage :
Toute la basse-cour entourait son logis.
Commère, qu'avez-vous ? et d'où vient ce tapage ?
Pourquoi ne pas laisser en repos vos amis ?
    De quoi nous donnez-vous avis ?
Parlez : car tant de bruit, sans doute, est le présage
De quelqu'événement dont nous serons surpris.
Dame Poule à ces mots crie encor davantage.
Dindons, coqs et canards en étaient étourdis.
    Ces gens croyaient qu'il allait naître d'elle
    Un éléphant, ou pour le moins un bœuf :
      Dame Poule pondit un œuf.

De maint petit auteur c'est l'image fidèle.

## LE PARTERRE ET LE POTAGER.

Retire-toi de là, tu me choques la vue :
    Tu sens le chou, l'oseille et la laitue,
Cette odeur m'importune, ami, retire-toi,
Disait au potager son voisin le parterre.
      Ha! ha! dit l'autre; par ma foi,
      Vous êtes délicat, mon frère.
Je m'éloignerais bien pour ne plus vous déplaire;
      Mais cela dépend-il de moi?
      Unis tous deux par la nature,
      Il n'est pas en ma liberté,
      Malgré votre orgueilleux murmure,
      De détruire la parenté.
J'en suis fâché pour votre vanité ;
Mais je ne bougerai d'ici, je vous le jure.
Tant pis, lui répondit le parterre irrité,
Tant pis : cette union m'afflige et me fait honte.
      Ingrat, reprit le potager,
      Je suis bien vil à votre compte :
Mais apprenez à ne plus m'outrager.
Je me souviens que notre commun père

A pris à vous former des soins infructueux.
Il vous a décoré de l'emploi de parterre,
  Parce qu'il n'a pu faire mieux ;
 Emploi brillant, mais nullement utile.
S'il eût trouvé chez vous la nature docile,
 Il vous eut fait potager comme moi.
  Chaque jour encor je le voi
  Regretter le frivole usage
  Des dons versés dans votre sein.
Frère, il a pris sur moi quelque peu de terrein,
  Pour vous agrandir davantage ;
  Et cependant, malgré ses soins,
Vous êtes plus brillant, mais vous valez bien moins.

## LA PERDRIX ET SES PETITS.

Une Perdrix se promenait un jour
 Avec sa petite famille.
Mère et Perdrix, la jeune volatile,
Comme on croit bien, ne manquait pas d'amour.
Elle instruisait cette troupe chérie
A fendre l'air, à parcourir les champs.

Il était temps que les pauvres enfans
 Apprissent à chercher leur vie.
 Jusqu'à présent j'ai veillé sur vos jours ;
 Je vous ai donné la pâture ;
Je vous ai mis à l'abri des vautours,
Et des humains, espèce encor plus dure :
Mais vous ne m'aurez pas toujours.
A peine a-t-elle achevé ce discours,
 Que d'un chasseur elle entend le tonnerre.
Fuyez, dit-elle à ses petits tremblans ;
 Le ciel encore réserve à votre mère
De vous sauver aujourd'hui de ces gens.
Eux de s'aider de la plume nouvelle,
Pour éviter le foudre destructeur.
Elle d'aller au-devant du chasseur,
 Geignant, boitant, traînant de l'aile,
Pour détourner sa barbare fureur.
Notre homme la croyant du plomb mortel atteinte,
 De la piller à Brifaut (\*) donne soin.
Alors la perdrix part. L'homme admire la feinte
 Et cependant les petits sont bien loin.

---

(\*) Nom d'un chien de chasse.

## LE LION ET LE CHAMEAU.

J'EN ai déjà fait la remarque :
De confier légèrement ses droits,
C'est trop risquer, et surtout pour les rois.

Il était un Lion, qui, pressé par la Parque,
    D'autres disent par le désir
    De se mieux livrer au plaisir,
Fut un jour dégoûté du métier de monarque.
    Il résolut de faire choix
    De quelqu'un qui, sans être sire,
Bras droit du souverain, mais soumis à ses lois,
    Portât pour lui le fardeau de l'empire.
    Il lui fallait un animal
D'un sang illustre, habile politique,
Digne en tous points de ce rang magnifique,
Qu'en maint pays maint grand remplit si mal.
Il y réfléchit tant, qu'enfin le dromadaire,
  L'air noble et vain, taille haute et long cou
    Et pourtant souple du genou,
    Lui parut être son affaire.

A la cour sottise ordinaire :
Soyez fier au-dehors, et rampant près des rois,
Vous aurez les plus beaux emplois.
Voilà notre chameau qui s'assied près du trône,
Et qui trouve d'abord que cela lui va bien.
Le voilà de l'état le premier citoyen,
Et cousin de celui qui portait la couronne.
Force chameaux qui n'étaient rien,
Comme amis ou parens, et pour mainte autre cause,
En s'éveillant se trouvent quelque chose.
Le dromadaire a cela d'excellent,
Disaient ces gens avec tendresse,
C'est qu'il n'est si pauvre parent
Que dans un poste aussi brillant,
Il ne prévienne, il ne caresse.
Il avait ses raisons vraiment :
Sa famille dans peu s'agrandit tellement,
Devint si riche et si puissante,
Que le public, qui sur un rang si haut,
A la plupart du temps la vue assez perçante,
Sans respect du ministre en murmura bientôt ;
Il n'était plus de dromadaire
Qui voulût dans l'état porter aucun fardeau ;
Leurs genoux avaient bien et beau

Perdu leur allure ordinaire ;
Si le Lion les laissait faire,
On verrait le peuple Chameau
Former dans le royaume un royaume nouveau :
Et mille autres discours que traitaient de chimère
Ceux qu'au Chameau l'intérêt attachait.
Et cependant sa majesté dormait.
Le cousin veillait aux affaires.
A ses affaires ? oui, mais à celles du roi ?
On prétend qu'il n'y songeait guères ;
Et l'événement en fit foi.
*Je veux, je prétends* et *j'ordonne*,
Devinrent désormais ses termes favoris :
Et l'ignoble mot *j'obéis*
Ne lui parut plus fait pour sa haute personne.
Si bien que le Lion sortant de son sommeil
Aux cris tumultueux de toutes ses provinces,
Vit, mais trop tard, à son réveil,
Ses états pleins de gens qui commandaient en princes ;
Leur parla sans être écouté,
Voulut les châtier et reçut des ruades ;
Et vaincus par les ans et par la volupté,
Vit leur chef enlever à ses griffes malades
Le sceptre avec l'autorité.

## L'ÉCUREUIL, LA CHATTE ET LE CHIEN.

Un Écureuil, malin s'il en fut un,
   Un Chien assez bonne personne,
   Mais n'ayant pas le sens commun,
   Une Chatte espiègle et friponne,
   A l'Écureuil le cédant peu,
Ensemble un jour raisonnaient près du feu,
Sur les moyens d'escroquer une caille
Qu'un d'eux avait lorgnée en certain lieu secret.
Le Chien, dans ce conseil, opina du bonnet.
   L'Écureuil, friand de volaille,
En politique habile approfondit le cas,
Discuta savamment les raisons pour et contre.
La Chatte en fit autant. Leur plus grand embarras
   Était d'éviter la rencontre
   D'un argus appelé Lucas,
   Garçon d'office, armé sans cesse
   Contre les animaux gloutons.
L'Écureuil et la Chatte, usant enfin d'adresse,
   Dirent entr'eux : Faut-il tant de façons

Pour attraper cet importun Cerbère?
Mouflar seul en vendrait cinquante comme lui.
 Frère, écoute, il faut aujourd'hui
 Nous montrer ce que tu sais faire :
 ( Ils s'y prenaient bien, les filous! )
Lucas te laisse entrer plus volontiers que nous
Dans l'endroit où le drôle a caché cette proie :
Tâche d'y demeurer tantôt, sans qu'il te voie,
Et puis par la fenêtre il faudra dans la cour
Faire voler ce mets : nous serons là, compère,
 Mais, foi d'amis, ni moi, ni la commère,
Nous n'y toucherons pas jusques à ton retour.
Le Chien les crut : le Chien comme une bête,
 Se laisse enfermer bel et bien,
Jette la caille, et vois le couple malhonnête
 La croquer sans en laisser rien.
 Par la fenêtre il les regardait faire.
Les drôles s'en moquaient : mais le pis de l'affaire,
C'est que son dos paya les frais de leur repas.
 Il eut beau dire ; point de grâce.
 On prétend que ce ne fut pas
Le dernier tour que lui fit cette race.

## L'ANE MINISTRE.

Maitre Ane fut un jour choisi par le lion,
Pour l'aider à porter le poids de la couronne.
    I1 ce temps-là, sa majesté lionne
      Radotait quelque peu, dit-on.
A peine de l'État l'Ane eut pris le timon,
Que ne songeant qu'à soi, d'ailleurs plein d'ignorance,
    Comme tout maître Aliboron,
Il forma maint projet rempli d'extravagance;
    Se réserva tout le chardon
        Du canton;
  Changea les lois, fit un code à sa guise :
Quel code! un vain fatras de grotesque jargon,
    Un chef-d'œuvre de balourdise,
Aux fripons, aux méchans donnant toujours raison.
    Mais où brilla l'esprit de l'Ane,
Ce fut aux choix qu'il fit d'animaux sans talens,
    Pour remplir les postes vacans.
Ses confrères, gens lourds, gens à grossier organe,
    Furent élus ambassadeurs.
Le lièvre tourmenté de paniques terreurs,

Eut la conduite de l'armée.
A l'emploi d'espion la taupe fut nommée,
La taupe qui n'y voit pas plus que dans un four.
Le singe, jusqu'alors simple bouffon de cour,
  Fut élu chef de la justice.
  Le loup brigand eut la police.
Enfin mettant le comble à tant d'absurdités,
 L'Ane choisit pour faire les traités,
La marmotte qui dort la moitié de l'année.
Tant que la nation fut ainsi gouvernée,
 Tout alla mal, en guerre comme en paix.
  Le lion perdait sa puissance,
Si la mort n'eût surpris le plus sot des baudets
  Au milieu de ses grands projets.
Que de maux peut d'un seul produire l'ignorance,
  Quand il a le pouvoir en mains !
  Rois, vos intérêts sont les nôtres :
Ne confiez aux sots vos droits, ni nos destins ;
Un mauvais choix toujours en entraîne mille autres.

## LE CHAT, LE SINGE ET LE PERROQUET.

Un homme avait un Singe, un Perroquet, un Chat,
Un enfant écolier, autre maligne bête,
 Une femme aimant le sabbat,
 Femme en tous points, à jaser toujours prête;
C'est tout, je crois : c'est plus qu'il n'en faudrait
 Pour me faire tourner la tête.
Mais bien ou mal, cet homme s'en tirait.
 Mon fils, redoutez le minet,
 Disait-il à l'enfant sans cesse;
Ne lui faites jamais d'imprudente caresse,
Car le drôle aussitôt vous égratignerait :
C'est ainsi de tout temps qu'en agit son espèce.
Il ne fut question à l'égard du marmot,
 Du Perroquet ni du Magot,
L'un était enchaîné, l'autre était dans sa cage;
Il les craignait tous deux et ne leur disait mot.
La mère en prenait soin; mais l'époux, homme sage,
Lui disait tous les jours : Ne les agacez pas :
 Il en pourrait résulter des débats

Où vous n'auriez pas l'avantage.
De la leçon elle fit peu de cas.
Un jour que son mari sortit pour quelqu'affaire,
La dame avec Jacquot fit assaut de caquet ;
Elle fouetta le singe et le mit en colère ;
    Et l'enfant qui la voyait faire,
    De son côté caressa le minet.
Qu'arriva-t-il de là ? Ce qu'avait dit le père :
    Le Chat égratigna l'enfant.
Jacquot mordit la femme. Et que fit dom Bertrand ?
Mille fois pis encor : Bertrand rompit sa chaîne,
    Fit un vacarme de démon,
Brisa maint ornement façonné dans Vincenne,
Cassa glaces et pots, démeubla la maison.
Le mari de retour, recueillant tout le blâme
Des malheurs arrivés dans cette occasion,
Vit qu'il avait à tort compté sur la raison
    D'un écolier et d'une femme.

# LAMOTHE-HOUDART.

# DISCOURS

sur

# LA FABLE.

Il me semble que pour les ouvrages d'esprit le public n'entend guère ses intérêts. Quand un auteur réussit à certain point dans quelque genre, ce public le comble d'éloges, et en cela il a raison : l'auteur qui réussit n'est bien payé que par cet accueil. Mais on ne s'en tient pas aux simples applaudissemens; et surtout après la mort de l'auteur (car les grandes réputations sont presque toujours posthumes,) on ne se contente plus de l'élever au-dessus de ceux qui l'ont précédé; on exclut d'avance des honneurs qu'on lui décerne, les écrivains qui pourraient les mériter après lui. On déclare hautement que personne ne saurait désormais atteindre à sa perfection : ceux qui l'entreprendraient sont déjà qualifiés de téméraires; et on ne réserve que du mépris pour une émulation qui pourrait quelquefois être heureuse.

Cette disposition du public n'est que trop propre à effrayer d'heureux génies appelés par la nature au même genre, mais qui, découragés par cette exclusion imprudente, se détournent d'une carrière où ils ne voient plus de lauriers pour eux. Ils sont contraints de s'ouvrir de nouvelles routes, où ils ne marcheront pas si heureusement; et c'est le public qui, en les intimidant, s'est privé lui-même de ce qu'ils auraient fait de meilleur.

Si cependant quelque auteur ose céder à son goût, et qu'il ait le courage de se présenter dans un genre où quelqu'autre a déjà enlevé l'approbation générale, le public, qui ne devrait être que son juge, devient en quelque façon sa partie; il se croit intéressé à ne point démentir cet applaudissement exclusif qu'il a donné au premier écrivain; et en prononçant qu'il était inimitable, on a conclu d'avance que le dernier ne l'a pas atteint.

On compare avec rigueur le nouvel ouvrage à celui qu'on a déclaré le modèle; et de deux choses l'une : où l'on n'y trouve que les mêmes grâces, et en ce cas l'ouvrage ne va paraître qu'une timide imitation; ou l'on y trouve des beautés différentes; mais en ce cas on ne conviendra pas qu'elles soient également propres au genre; elles vont passer pour étrangères, et dès-là pour des défauts. On ne songe pas qu'il y a plusieurs grâces, qui, sans se ressembler, peuvent se remplacer les unes les autres, et faire un plaisir égal, quoiqu'il ne soit pas le même.

Qu'on n'aille pas croire que cette réflexion soit tout-à-fait dictée par la vanité;

elle pourrait bien y avoir sa part sans mon aveu; je ne me vante pas d'être à couvert de ses surprises : mais je n'ai considéré la réflexion qu'en elle-même; je ne m'en ferai l'application qu'en partie.

La Fontaine a recueilli les plus belles fables de l'antiquité, et il les a écrites avec une naïveté si élégante, qu'il a d'abord emporté tous les suffrages, et qu'il aura toujours autant de partisans zélés que de lecteurs. Je me flatte d'en être aussi touché que personne; et son mérite, au point que je le sens, a dû m'effrayer encore plus que sa réputation. Aussi ne me serais-je pas hasardé à écrire des fables, si j'avais cru qu'il fallût être absolument aussi bon que lui, pour être souffert après lui; mais j'ai pensé qu'il y avait des places honorables au-dessous de la sienne, et je serais trop heureux d'obtenir cette approbation modérée, qui en me pardonnant de n'avoir pas les mêmes grâces que La Fontaine, ferait honneur à ce que je puis avoir d'heureusement original.

N'y aurait-il pas même quelque justice à me compter, en compensation des beautés qui me manquent, le mérite de l'invention que mon prédécesseur ne s'est pas proposé? Il a donné aux fables anciennes des agrémens tout nouveaux, et si précieux, qu'on ne sait le plus souvent auquel on doit le plus, de l'inventeur ou de l'imitateur. Les embellissemens l'emportent quelquefois de beaucoup sur le fonds, quelqu'ingénieux qu'il puisse être; mais enfin, ce fonds n'est pas à lui; son esprit n'avait, pour ainsi dire, qu'une affaire; et débarrassé du soin de l'invention principale, il s'épuisait tout entier sur les ornemens qui ne sont que les inventions accessoires. Pour moi (ceci doit m'attirer quelque indulgence,) je me suis proposé des vérités nouvelles. A huit ou dix idées près, qui ne m'appartiennent que par des additions, ou par l'usage moral que j'en fais, il a fallu inventer les fables pour exprimer mes vérités; il a fallu enfin être tout à la fois et l'Ésope et le La Fontaine : c'en était sans doute trop pour moi; il ne serait pas juste d'exiger que j'égalasse ni l'un ni l'autre; et le public doit être assez content, ce me semble, s'il ne me trouve pas trop loin des deux.

Comme dans le cours de ce travail j'ai fait nécessairement plusieurs réflexions sur la Fable, et que les auteurs qui ont le plus réussi dans ce genre, ont cependant négligé d'en écrire, je crois qu'on me saura quelque gré de communiquer là-dessus mes idées, qui peuvent bien n'être ni assez exactes, ni assez approfondies, mais qui seront du moins pour les lecteurs une occasion d'y penser, et il y a des gens pour qui l'attention seule est un assez bon maître.

Je dirai donc quelque chose de la Fable, tant par rapport à l'invention des faits et des images, que par rapport à l'exécution du dessin, et aux ornemens qui y peuvent entrer. J'ajouterai quelques jugemens sur les auteurs les plus célèbres dans ce genre : c'est une liberté qui m'a déjà réussi en parlant de l'Ode ; le succès m'autorise à la même sincérité : mérite dont on devrait se piquer un peu plus dans la république des lettres, où sur des choses même indifférentes, on a souvent la faiblesse de n'oser dire ce qu'on pense.

*De la nature de la Fable.*

La Fable est une instruction déguisée sous l'allégorie d'une action. C'est un petit poème épique, qui ne le cède au grand que par l'étendue, et qui moins contraint dans le choix de ses personnages, peut choisir à son gré dans la nature ce qu'il lui plaît de faire agir et parler pour son dessein, qui peut même créer des acteurs, s'il lui en faut, c'est-à-dire, personnifier tout ce qu'elle imagine.

Selon cette idée d'instruction déguisée sous l'allégorie d'une action, la Fable a dû plaire en tout temps et en tout pays : elle a plu en effet, et j'en vois deux raisons bien naturelles : l'amour-propre est ménagé dans l'instruction ( cette raison regarde du moins les fables adressées aux particuliers,) et l'esprit est exercé par l'allégorie; cette raison est absolument générale. Un ouvrage ne saurait être mieux recommandé auprès des hommes, que par ces deux titres. Ils n'aiment point les préceptes directs. Trop superbes pour s'accommoder de ces philosophes qui semblent commander ce qu'ils enseignent, ils veulent qu'on les instruise humblement, et ils ne se corrigeraient pas, s'ils croyaient que se corriger fût obéir : d'ailleurs l'esprit a une certaine activité qu'il faut satisfaire. Il aime à voir plusieurs choses à la fois, et à en distinguer les rapports; il se complaît dans cette pénétration adroite qui sait découvrir plus qu'on ne lui montre, et en apercevant ce qui était couvert de quelque voile, il croit en quelque sorte créer ce qu'on lui cachait.

La vie que nous avons d'Ésope passe pour fabuleuse; mais en tout cas c'est une bonne fable, et qui prouve à merveille ce que je viens d'établir.

Il serait toujours heureusement imaginé d'avoir fait de l'inventeur de l'Apologue un esclave, et de son maître un philosophe. L'esclave avait à ménager l'orgueil du maître; il ne devait lui dire certaines vérités qu'avec précautions, et le bon Ésope conciliait les égards et la sincérité par l'Apologue. D'un autre côté, le maître ne devait pas être homme à s'en tenir à l'écorce; il devait tirer des fictions de l'esclave les instructions qu'il y renfermait; il devait se plaire à l'artifice respectueux d'Ésope, et lui pardonner la leçon en faveur de l'adresse et du génie. Voilà ce que nous sommes, nous autres fabulistes et nos lecteurs, à l'égard des uns des autres. Nous sommes des esclaves qui voulons les instruire sans les fâcher, ils sont des maîtres intelligens qui nous savent gré de nos ménagemens, et qui reçoivent volontiers la vérité, parce que nous leur laissons l'honneur de la deviner en partie.

*De la vérité que la Fable doit renfermer.*

Il faut donc se proposer d'abord quelque vérité à faire entendre, et c'est l'avantage particulier de la Fable d'y forcer, pour ainsi dire, son auteur. En beaucoup d'autres ouvrages on peut se déterminer par ce que les faits ont d'agréable ou de touchant, et les traiter seulement pour les traiter sans aucune vue d'y renfermer quelqu'instruction. Mais ce serait une chose monstrueuse d'imaginer une fable sans dessein d'instruire. Son essence est d'être symbole, et de signifier par conséquent quelque autre chose que ce qu'elle dit à la lettre.

La vérité doit être le plus souvent morale, c'est-à-dire, utile à la conduite des hommes. La Fable est une philosophie déguisée, qui ne badine que pour instruire, et qui instruit toujours d'autant mieux qu'elle amuse. Une suite de fictions conçues et composées dans cette vue, formerait un traité de morale, préférable à un traité plus méthodique et plus direct. La définition des vertus et des vices n'est qu'une simple spéculation qui ne passionne point. On apprend sèchement que la libéralité tient le milieu entre la prodigalité et l'avarice ; et l'on croit fièrement être philosophe, parce qu'on définit le bien et le mal. La Fable ne s'embarrasse pas de tout cet attirail dogmatique ; mais en peignant le vice et la vertu de leurs vraies couleurs, elle donne de l'éloignement pour l'un et du penchant pour l'autre, et elle fait sentir les devoirs ; ce qui est toujours la meilleure manière de les connaître. Socrate avait dessein de donner ainsi un cours de morale, animé d'exemples rians, qui fussent autant de préceptes dont l'agrément appuyât, pour ainsi dire, la solidité; et ce dessein était bien digne d'un philosophe qu'on appelait la sage-femme des pensées des autres : car je donnerais volontiers le même nom à la Fable; c'est la sage-femme de nos sentimens et de nos réflexions, puisque par les images ingénieuses qu'elle nous présente, elle développe en nous ce germe de droiture et de justice que la nature y a mis, et qui n'est que trop souvent étouffé par nos passions.

Un fabuliste doit dédaigner ces vérités triviales qui n'échappent pas aux plus stupides. Ce serait un dessein ridicule d'imaginer une fable pour prouver que nous sommes tous mortels; mais c'en est un fort sensé de nous dire que la mort est presque toujours imprévue à quelque âge qu'elle vienne, et le centenaire qui trouve mauvais que la mort le prenne au pied levé, nous fait sentir à propos combien nous sommes imprudens d'agir toujours comme si nous ne devions pas mourir.

Je mettrais presque encore au nombre des vérités triviales, celles qui ont déjà été maniées par la Fable, si ce n'est qu'elles ne l'eussent pas été sous une image assez heureuse ; ce qui serait une raison de les reprendre, pour les mettre dans leur véritable jour. Ce qui est manqué ne mérite pas l'égard qu'on aurait de n'y plus toucher.

Mais il n'y a point de milieu pour un auteur ; il faut inventer ou perfectionner : car à quoi bon, sous prétexte de quelques vaines différences, redire ce que les autres ont déjà dit ? Ces amas d'écrits qui ne multiplient que les mots, et non pas les choses, sont l'opprobre de la littérature ; et le public paiera toujours d'un juste mépris ces auteurs vides qui lui surprennent son temps sous l'appât d'une fausse nouveauté.

## De la Moralité.

La vérité une fois choisie, il faut la cacher sous l'allégorie; et à la rigueur, on ne devrait l'exprimer ni à la fin ni au commencement de la fable. C'est à la fable même à faire naître la vérité dans l'esprit de ceux à qui on la raconte; autrement le précepte est direct et à découvert, contre l'intention de l'allégorie qui se propose de le voiler. Par exemple, quand Ésope dit au peuple qui se réjouissait aux noces d'un tyran, la fable des grenouilles, qui s'alarmaient de ce que le soleil allait se marier : Si un seul soleil nous brûle, dirent-elles, qu'allons-nous devenir sous dix ou douze soleils qu'il va nous faire? C'était au peuple à adopter sans autre avis le jugement sensé des grenouilles, et à corriger sa joie ridicule sur un événement qui devait l'alarmer; mais, pour nous, qui proposons nos fables à tous les hommes, il nous convient d'en user autrement. Comme nous avons affaire à toutes sortes de lecteurs, que nous sommes trop fins pour les uns, tandis que nous sommes trop simples pour les autres, et qu'il n'est pas possible de se proportionner tout à la fois à tous, nous faisons bien d'indiquer le fruit de la Fable, et d'en mettre assez pour les moins éclairés, au péril d'en mettre trop pour l'habile qui, par cela même qu'il est habile, nous pardonne cette superfluité, qui ne l'est que pour lui.

D'ailleurs, comme nos lecteurs ne sont pas le plus souvent dans les circonstances de la fable qu'ils lisent, leur intérêt n'éveille pas assez leur attention; ils ne sont pas assez déterminés à s'appliquer l'image, et il est bon de suppléer, par une réflexion distincte, à ce que leur indifférence laisserait échapper.

Tout cela prouve, ce me semble, que la morale est bien mieux placée à la fin qu'au commencement de la fable. Si vous la mettez à la tête, vous émoussez le plaisir de l'allégorie : je n'ai plus qu'à juger de sa justesse, mais je ne puis avoir l'honneur d'en pénétrer le sens, et je suis fâché que vous ne m'en ayez pas cru capable. Si, au contraire, vous la renvoyez à la fin, mon esprit fait, dans le cours de la fable, tout l'exercice qu'il peut faire, et je suis bien aise, en finissant, de me rencontrer avec vous, ou je vous suis obligé de m'apprendre mieux que je ne pensais.

La Fontaine commence la fable de l'Alouette et de ses petits avec le maître du champ, par ce proverbe : *Ne t'attends qu'à toi seul;* c'est la maxime qu'Ésope avait dessein de prouver par la fable même; or, après cette préparation, quand les petits disent à leur mère que le maître du champ a donné ordre à son fils d'assembler ses amis ou ses parens pour couper le blé le lendemain, je préviens sans mérite la réponse de l'alouette à ses petits, et la maxime préliminaire m'a déjà averti que ni les amis ni les parens ne viendront; au lieu que si on l'avait reculée jusqu'au dénoûment, j'aurais eu jusque-là le plaisir amusant de la suspension, ou, ce qui est plus flatteur, le mérite de prévoir ce qui devait arriver. L'esprit est jaloux de toutes les preuves qu'il peut se donner à lui-même de sa pénétration, et il ne saurait voir sans quelque dépit qu'on lui enlève les occasions de se faire honneur. Le grand art est de lui en ménager le plus qu'il est possible; et nous pouvons compter alors sur sa reconnaissance : il nous trouvera fins et ingénieux, selon que nous lui donnerons lieu de l'être lui-même.

### Des Images.

Le choix de l'image sous laquelle on veut cacher la vérité, exige plusieurs conditions : elle doit être juste, c'est-à-dire, signifier sans équivoque ce qu'on a dessein de faire entendre : elle doit être une, c'est-à-dire, que tout doit concourir à une fin principale, dont on sente que tout le reste n'est que l'accessoire : elle doit être naturelle, c'est-à-dire, fondée sur la nature, ou du moins sur l'opinion. Ces conditions sont prises de la nature même de notre esprit, qui ne saurait souffrir qu'on l'embarrasse, qu'on l'égare, ni qu'on le trompe; car je ne puis m'empêcher, au péril d'une digression, de faire ici une réflexion générale. C'est dans la nature de notre esprit qu'il faut chercher les règles : elles n'ont point été l'effet du caprice ni du hasard, on les a fondées d'abord sur l'expérience de ce qui a plu, en attendant qu'on découvrît pourquoi les choses qui plaisaient devaient plaire: découverte qui affermit les règles bien plus sûrement que l'expérience, car l'expérience est fautive : et comme on n'y démêle pas assez les circonstances particulières qui influent sur l'effet principal, on n'est que trop sujet à se tromper sur les causes, soit en ne les embrassant pas toutes, soit en ne les appréciant pas ce qu'elles valent, soit en prenant l'une pour l'autre : au lieu que la raison générale de l'agrément des choses prise du rapport qu'elles ont avec notre intelligence, est un principe aussi invariable que la nature même de notre esprit, et qui nous met en état d'user toujours habilement des circonstances particulières, au profit du dessein que nous nous proposons.

L'image pêche contre la justesse, quand elle ne présente pas assez distinctement une vérité. Ésope dit qu'un lion déchirait un bœuf : un voleur vint lui en demander sa part; il la lui refusa. Un voyageur, au contraire, n'osait l'approcher, et le lion lui donna la moitié du bœuf. Qui devinerait que c'est là l'image de la modération et de la récompense qu'elle mérite? Cette idée se marie-t-elle bien avec l'effroi du voyageur?

Je crois que ceux qui ont cousu la morale à cette fable, n'ont été contens, ni d'eux, ni de l'inventeur qui les a embarrassés à chercher son sens, et qui les a réduits, faute de mieux, à en donner un si mal figuré par l'image.

L'image pèche contre l'unité quand tous les traits ne s'en réunissent pas à un certain point de vue. Deux pigeons s'aimaient en frères. L'un veut voyager contre l'avis de l'autre : il voyage en effet; il essuie mille dangers dans sa course : le pigeon sédentaire souffre tous les dangers qu'il craint pour son ami. Le voyageur revient enfin après avoir évité vingt fois la mort; et voilà désormais nos pigeons heureux. Je ne sais ce qui domine dans cette image, ou des dangers du voyage, ou de l'inquiétude de l'amitié, ou du plaisir du retour après une longue absence; et je demeure vide au milieu de cette abondance d'idées que je ne saurais réduire en une. Si au contraire le pigeon voyageur n'eût pas essuyé de dangers, mais qu'il eût trouvé les plaisirs insipides loin de son ami, et qu'il eût été rappelé près de lui par le seul besoin de le revoir, tout m'aurait ramené à cette seule idée, que la présence d'un ami est le plus doux de tous les plaisirs.

Une image pèche contre la nature quand elle n'est pas conforme aux idées qu'on a des choses. Le lion fait société avec la génisse, la chèvre et la brebis. Ils conviennent de partager entre eux le butin. On prend un cerf, que le lion partage en quatre, et dont il prend trois parts sur différens droits qu'il allègue, en menaçant qui osera toucher à la quatrième. Cette société n'est pas naturelle. Le lion choisit fort mal ses chasseurs. Les trois associés ne peuvent lui servir en rien, et ils sont d'ailleurs trop timides pour se lier avec un chasseur dont ils sont eux-mêmes le gibier.

Veut-on encore une image plus vicieuse?

un lion devient amoureux d'une fille; il la demande en mariage, et il se laisse couper à ce prix les griffes et les dents: imprudence qui lui coûte la vie. La supposition de cet amour est d'autant plus ridicule, que l'inventeur la hasarde sans besoin; car le besoin en pourrait justifier la témérité: mais loin d'en être réduit à feindre un prodige si absurde pour marquer l'imprudence des amans, il avait à choisir entre mille autres symboles, qui l'auraient également représentée sans contredire la nature. Elle fournira toujours assez de justes allégories pour les différens besoins de la morale, sans qu'on soit obligé pour cela de lui faire aucune violence; et l'art consiste à y mesurer ingénieusement ses fictions.

Voici au contraire une image qui satisfait pleinement aux trois conditions que je crois nécessaires. Un souriceau s'éloigne de sa mère pour voir le monde. Il ne va pas loin, que la frayeur l'oblige de revenir au logis:

il raconte à sa mère qu'il a rencontré un animal dont l'air menaçant l'a épouvanté, et l'a empêché de faire connaissance avec un autre, qui lui paraissait fort sympathisant avec les souris. Sur la peinture qu'il fait du coq et du chat, sa mère le désabuse, et lui apprend que l'animal qui lui a fait peur, ne veut aucun mal aux souris; au lieu que l'animal qui lui plaisait tant, en est l'ennemi irréconciliable. Cette image est juste : car que peut-elle signifier autre chose, sinon qu'il ne faut pas juger des gens sur la mine ? Elle est une ; toutes les circonstances en sont subordonnées au faux jugement du souriceau : elle est naturelle, les caractères des animaux y sont exactement rendus. C'est en tout sens le modèle d'une bonne fable; et sa simplicité même y met un nouveau mérite.

J'ai remarqué qu'il suffisait que l'image fût fondée sur l'opinion, et j'ajoute, sur une opinion même dont on est revenu. Le fabuleux a dans cette matière tous les droits de la vérité. Le chant mélodieux du cygne mourant ne peut être reproché à un fabuliste qui en sait faire un bon usage. On ne croit plus le fait, mais on sait qu'il a été cru : et c'est une autre espèce de fait qui plaît aux savans, tandis que pour eux-mêmes et pour les autres, la célébrité de l'opinion lui tient lieu de réalité, et lui acquiert tous les priviléges d'une vérité de symbole et de pure comparaison.

### *Des Acteurs de la Fable.*

A l'égard des acteurs de la fable, les animaux se présentent d'abord : ils en paraissent même, à quelques gens, les personnages essentiels, ou du moins privilégiés, et le seul mot de fable réveille en eux l'idée des animaux parlans.

Il est vrai que des animaux sont de fort bons acteurs de cette sorte d'allégorie : c'est une espèce si voisine de la nôtre, qu'on n'a presque eu besoin que de leur prêter la parole pour en faire nos semblables. Tout ce qu'ils font a un si grand air d'intelligence, qu'on a jugé de tout temps qu'ils agissaient avec connaissance. Il n'y a que l'intrépide cartésianisme qui a pu le leur disputer; mais c'est peut-être une débauche du raisonnement, d'en avoir osé faire des machines.

Ésope a donc bien fait de saisir la ressemblance, et de faire jouer les mœurs par des acteurs qui y sont si propres. Nous avons beaucoup de disposition, de notre part, à nous prêter là-dessus à la fiction. Quand les actions des animaux sont bien vraies, les sentimens et les discours qu'on leur prête, nous le paraissent aussi : il nous semble presque qu'on n'a fait que traduire leur langue, et qu'il ne nous manque que de l'entendre pour vérifier tous les jours ce qu'on leur fait dire. Qu'il me soit permis de prévenir là-dessus une chicane qu'on m'a faite, et dont on ne s'est peut-être avisé que pour moi. Quand Ésope débitait la fable de l'écrevisse, qui réprimande sa fille de n'aller pas droit, et à qui sa fille répond : *Allez droit vous-même, et je vous imiterai;* on ne lui disait pas que la fable était mal choisie pour avertir une mère de donner un bon exemple à sa fille, et que la comparaison n'était pas juste, en ce que la mère de notre espèce pouvait changer de conduite, au lieu que la mère écrevisse ne pouvait pas aller droit. On ne pressait point ainsi la comparaison, et l'on se contentait du premier aspect de ressemblance qui se trouve entre les deux mères. On m'a fait cependant des objections aussi frivoles; mais on doit savoir que nous donnons les propriétés des animaux, quoique nécessaires et invariables, pour l'image de nos penchans les plus libres, et qu'on n'a pas droit de nous reprocher la comparaison, pourvu que nous ne la donnions que du côté qui ressemble.

Quoique les animaux soient des acteurs si convenables, ce ne sont pas les seuls qui ont droit à la Fable. Usons sans scrupule des privilèges qu'Ésope nous a transmis. Introduisons à notre choix les dieux, les génies et les hommes; fesons parler les animaux et les plantes; personnifions les vertus et les vices; animons, selon nos besoins, tous les êtres : que, s'il le faut, la source se plaigne du ruisseau; que la lime se moque du serpent, et que le pot de terre et le pot de fer raisonnent encore, et voyagent ensemble.

Les acteurs les moins usités et les plus bizarres deviennent naturels, et méritent même la préférence sur d'autres, dès qu'ils sont les plus propres, soit par l'agrément, soit par la justesse, à représenter la vérité dont il s'agit. D'ailleurs cette diversité nous donne lieu de varier nos images, et de promener l'imagination d'objets en objets, tandis que l'esprit marche de vérités en vérités.

## Du Style de la Fable.

Quand l'auteur a une fois imaginé sa fable, qu'il a sa vérité, ses images et ses acteurs, il ne lui reste plus qu'à lui donner dans l'exécution toutes les grâces dont elle est susceptible, et à l'enrichir des détails et des sentimens que le fonds comporte; car il n'y a pas de fonds si heureux qui ne puisse périr entre des mains qui ne savent pas le manier, ou qui négligent de lui donner sa meilleure forme. La même justesse qui a dû présider à l'invention principale, doit veiller encore avec une attention délicate à l'arrangement de chaque partie, qui devient elle-même un nouveau tout, à mesure qu'il faut la rendre. Ce n'est pas assez que chaque partie soit à sa place ; elle y doit être avec la proportion et les grâces qui lui conviennent, par rapport au tout; et ce n'est que ce soin continu des détails qui peut donner aux ouvrages un mérite constant, et pour ainsi dire, une beauté de ressource. La pensée dominante emprunte presque toujours son effet des pensées accessoires qui l'accompagnent, et qui forment avec elles ces assortimens, qu'on appelle force, grâce, élégance ou finesse, et qui, par le mauvais choix, sont aussi la source des défauts contraires.

Le familier est le ton général de la Fable. Comme les animaux en ont été les premiers acteurs, on a cru les élever assez, en leur prêtant notre langage le plus ordinaire; et l'on s'en est tenu à les faire parler aussi simplement qu'ils agissent. Quand les autres personnages y sont survenus, le ton était déjà pris : on a voulu le soutenir, et les dieux mêmes, malgré leur majesté, ont subi là-dessus la loi générale.

On a eu raison de maintenir la Fable dans cet usage. Le style familier est bien plus propre à l'insinuation que le style soutenu ; celui-ci est le langage de la méditation et de l'étude ; celui-là est le langage du sentiment. On est en garde contre l'un, on ne songe pas à se défendre de l'autre, et l'instruction exercera toujours ses droits sur nous d'autant plus sûrement, qu'elle en paraîtra moins jalouse : l'appareil et l'air composé nuisent plus à son règne qu'ils n'y servent.

Mais ce familier que demande la Fable, ne laisse pas d'avoir son élégance : et malgré l'air aisé qui le caractérise, ses beautés sont peut-être plus difficiles à trouver que celles du style soutenu : celui-ci, à beaucoup près, n'a pas tant de nuances que l'autre. On sent bien mieux si l'on est loin du langage vulgaire, qu'on ne sent, en parlant ce langage, si l'on en a fait le choix le plus heureux pour l'occasion dont il s'agit ; et c'est cependant de ce choix heureux que dépend tout le charme du familier. L'expression soutenue impose et séduit encore, quoique ce ne soit pas la mieux choisie; au lieu que la familière ne peut s'attirer de respect que par la justesse et le bonheur de l'application.

Que l'auteur des fables soit donc attentif au choix de ses expressions et de ses tours; que, sous prétexte de familiarité, il ne se permette jamais rien de négligé ni d'insipide, qu'il se propose partout une finesse naïve, et qu'il travaille d'autant plus, que ce qu'il dit doit paraître ne lui avoir rien coûté.

Ainsi, le familier de la Fable a différens degrés, selon les sujets qu'elle traite, et les personnages qu'elle emploie. Il peut arriver même que la matière y résiste absolument; et en ce cas il faut être magnifique sans scrupule; car c'est aux convenances à décider de tout, et l'art les reconnaît pour les arbitres des règles.

Avec ce choix constant d'un familier ingénieux, songeons encore à animer nos récits de ce qu'il y a de plus riant et de plus gracieux, et trouvons l'art d'attacher l'esprit aux plus petits ornemens ambitieux, mais seulement par des peintures enjouées et amusantes.

Une source du comique (1) dans la Fable, c'est de transporter aux animaux des dénominations humaines, *maître Corbeau, compère Renard, sa majesté Lionne*. Ce badinage, dirigé par de fines convenances, a d'ailleurs son étendue et sa fécondité. Comme je donne aux animaux des dénominations humaines, j'en donne de même à tout ce qui leur appartient : leur espèce est

---

(1) L'auteur avait employé l'expression du *riant*, j'y ai substitué celle de comique, qui est plus grammaticale et plus juste. ( *Note de l'Éditeur.* )

une république; l'assemblée de plusieurs, une diète, un sénat; leurs instincts différens seront des réglemens et des lois : mascarade ingénieuse qui ne va pas à les faire méconnaître, mais seulement à nous mieux représenter en eux, et qui offre tout à la fois à l'imagination, et l'animal, et l'homme joué sous son nom.

Une autre source du comique, c'est d'appliquer quelquefois de grandes comparaisons aux plus petites choses. Outre l'espèce de travestissement sous lequel on offre alors le prétendu sublime, il y a encore une gaieté philosophique à rapprocher ainsi ce que nous admirons le plus de ce qui nous paraît le plus méprisable, et à nous faire sentir tout-à-coup une analogie très-étroite entre le petit et le grand.

Deux coqs vivaient en paix : une poule survint :
 Et voilà la guerre allumée.
  Amour, tu perdis Troie !

L'auteur semble regarder les deux événemens du même œil : je sens avec lui la parité essentielle des deux faits ; et je me moque de la fausse grandeur que j'attachais auparavant à l'un des deux.

Il s'offre assez d'occasions du gracieux, et les descriptions surtout en sont le siége ordinaire. Il ne faut pas manquer d'en répandre dans les fables, autant que le sujet en peut souffrir, sans pourtant se laisser entraîner au plaisir de décrire, de façon que la description devienne un écart. Ce qu'il y a de plus heureux en ce genre, est que la description soit le fait même. Telle est la fable du *Roseau et du Chêne,* aussi bien que celle de *Borée et du Soleil.*

Mais ce n'est pas assez de s'en tenir à ces descriptions dominantes que les moins habiles ne manqueraient pas : le génie doit avoir d'autres ressources pour en semer partout ; il peut peindre, chemin faisant, tout ce qui s'offre ; et souvent une épithète bien choisie est une courte description dont les grâces sont d'autant plus touchantes, qu'elles sont moins attendues, et que sans nous retarder en rien, elles nous tiennent, pour ainsi dire, compagnie dans l'action que nous voulons suivre.

Si je n'ai pas confondu le comique et le gracieux, qu'on prend souvent l'un pour l'autre, c'est qu'il me semble qu'on en doit faire quelque différence. Le comique est caractérisé par son opposition au triste et au sérieux, au lieu que le gracieux s'oppose seulement au désagréable et rebutant.

Les réflexions sont encore un des ornemens de la Fable, mais elles en doivent prendre le ton dominant, et être aussi naturelles dans leurs expressions, qu'amenées naturellement par le sujet. La Fontaine dit :

Certaine fille un peu trop fière,
Prétendait avoir un mari
Jeune, bien fait et beau, d'agréable manière,
Point froid et point jaloux ; notez ces deux points-ci,

Cette réflexion, car c'en est une, quoiqu'elle ne soit pas déployée, et que l'auteur ne la fasse qu'en avertissant de la faire : cette réflexion, dis-je, plaît par le naturel même, parce que loin d'être recherchée, tout ingénieuse qu'elle est, elle naît presque nécessairement du fait, et que ces deux conditions que la fille exige, présentent d'elles-mêmes à l'esprit l'opposition qu'elles ont l'une à l'autre.

Ajoutez que cette réflexion rapide, semblable, si j'ose parler poétiquement, à ces nymphes qui couraient sur les épis sans les faire plier, n'apporte aucune gêne à la narration, et l'on dirait qu'au lieu d'en être interrompue, elle en devient plus vive et plus légère : ces sortes de traits jettent du sens et de la solidité dans la Fable; et sans nuire à la vérité totale et essentielle, ils y répandent d'autres vérités surnuméraires, que le lecteur est bien aise de recueillir en passant; acquisition d'autant plus flatteuse, qu'il avait moins lieu d'y compter.

Je ne souhaiterais plus rien à l'auteur de fables, si ce n'est d'être fidèle au sentiment, et de le peindre toujours avec la naïveté qui le caractérise; car j'ose encore distinguer le naturel et le naïf. Le naturel renferme une idée plus vague, et il est opposé en général au recherché, au forcé, au lieu que le naïf l'est particulièrement au réfléchi, et n'appartient qu'au sentiment.

Le sublime, selon cette idée, peut être naïf. La réponse du vieil Horace à la question qu'on lui fait sur la conduite de son fils : Que vouliez-vous qu'il fît contre trois ? *Qu'il mourût.* Cette réponse est naïve, parce que c'est l'expression toute nue du sentiment de ce Romain, qui préfère la mort de son fils à sa honte. Il ne répond pas précisément à ce qu'on lui demande, il dit seulement ce qu'il sent. Ce n'est que dans le vers suivant que la réflexion succède à la naïveté :

Ou qu'un beau désespoir alors le secourût.

Il raisonne dans ce vers : il n'a fait que sentir dans le premier.

Les occasions du naïf sont peut-être plus fréquentes dans la fable, et l'éloge de La Fontaine est de n'en avoir guère manqué. Dans la fable du Pot au lait, le discours qu'il prête à sa laitière est un chef-d'œuvre de naïveté d'autant plus singulier, que sous l'apparence du raisonnement le plus suivi, le sentiment se montre dans toute sa force, ou pour mieux dire, dans toute son ivresse.

### De l'Imitation.

Au reste, ce n'est pas par l'imitation servile d'aucun écrivain, qu'on peut parvenir à rassembler toutes ces beautés. Il ne faut songer qu'à imiter la nature : imitation qui fait seule les originaux, mais bien différente de celle que la plupart des auteurs s'imposent. Quand un auteur veut écrire dans un genre, il étudie les maîtres en ce genre-là ; et malheureusement ce qu'il appelle les étudier, c'est remarquer de mémoire leurs phrases, leurs expressions et leurs tours, c'est faire au style une attention purement grammaticale, sans songer que ce style n'est qu'un certain choix et un certain ordre d'idées, suite nécessaire de la manière dont l'écrivain aperçoit et sent les choses, et qu'il faudrait beaucoup plus penser au caractère d'esprit, qui produit ce choix et cet arrangement de mots, qu'au choix et à l'arrangement même qui s'offrirait en pareille occasion à quiconque sentirait comme l'écrivain qui les emploie.

Le bon goût ne s'acquiert point par ces remarques serviles et de pures minuties; il doit se former par la lecture des meilleurs écrivains, comme la politesse s'apprend par le commerce du grand monde. On ne s'y propose pas d'imiter précisément les manières de personne : ceux qui s'en tiendraient là ne parviendraient qu'à une affectation ridicule et provinciale; mais à force de voir avec plaisir les égards délicats que les gens polis ont les uns pour les autres, on parvient à cette politesse générale, qui n'est qu'un sentiment prompt des bienséances, et que chacun assaisonne différemment, selon son humeur et son caractère personnel.

Rien n'est plus dangereux que de vouloir être ce qu'est un autre : il en arrive souvent qu'on n'est ni lui ni soi-même. On se dépouille de son propre caractère, qui, ménagé judicieusement, aurait peut-être eu ses grâces, et l'on ne saurait revêtir ce caractère étranger qu'on a en vue, et qui n'est pas fait pour nous.

Je crois donc que quand on veut travailler dans un genre, il faut se faire une idée juste des différentes beautés qu'il exige, s'habituer à les sentir et à les reconnaître, exercer la souplesse de son esprit de ce côté-là; et puis, sans aucune vue d'imitation particulière, se laisser entraîner à son sujet, en un mot, travailler d'abondance, de goût et de sentiment, sans captiver son génie sous aucun autre.

Voilà en général ce que j'avais à dire de la Fable. J'aurais pu descendre dans un plus grand détail, mais il est bon de laisser quelque chose à faire au lecteur, et c'est à ses réflexions à rendre le traité complet.

Il ne me reste qu'à parler des fabulistes les plus célèbres, et je commence par l'inventeur.

Ésope est en possession de ce titre; et, sans discuter s'il y en a eu d'autres avant lui, il suffit qu'il ait fait de cet art un usage assez ingénieux pour mériter qu'on perdît le souvenir de ses prédécesseurs, et même qu'on réunît sous son nom tout ce qui s'était fait de mieux dans ce genre.

Ceux qui nous ont laissé sa vie, se plaisent à exagérer la difformité de son corps. On a pris l'esprit de la Fable dans ce qu'on a écrit de lui; et peut-être ne lui donne-t-on un corps si monstrueux que pour faire un plus grand contraste avec la beauté de son esprit et la droiture de son cœur.

A suivre l'idée que donnent ses ouvrages, il composait ses fables selon les occasions. C'était un censeur allégorique, qui, présentant à chacun l'image de sa situation, lui donnait lieu de penser ce que lui-même ne disait pas expressément. Content de renfermer la leçon dans l'image, il laissait à l'auditeur le plaisir de l'en tirer.

Il étudiait apparemment dans les animaux ce qu'ils ont chacun de singulier, pour en faire autant de symboles, qu'il employait ensuite selon les circonstances. Il est si vrai et si fidèle à la nature dans la plupart de ses fables, que je n'ose lui imputer celles qui me paraissent bizarres et forcées. Ce sont peut-être de mauvais présens qu'on lui a faits dans l'envie de lui faire honneur. On n'a pas songé qu'on l'appauvrissait en voulant lui tout donner.

Il est partout d'une précision excessive; négligeant toujours les occasions de décrire, courant au fait plutôt qu'il n'y marche, et ne connaissant pas de milieu entre le nécessaire et l'inutile. En un mot, je vois dans Ésope un philosophe qui s'abaisse pour être à la portée des plus simples; et en prenant les choses du bon côté, j'y vois encore un génie modeste qui ne prise pas assez ses inventions pour les orner.

Phèdre était esclave aussi bien qu'Ésope. Il fut affranchi comme lui; mais il eut sur Ésope l'avantage de l'éducation. On prit grand soin de sa jeunesse, au lieu que l'autre n'eut apparemment de maître que son bon esprit. Dans celui-ci le goût de la Fable fut un don de la nature; dans celui-là ce fut le fruit d'une émulation de gloire. Phèdre voulut être l'Ésope des Latins, comme Virgile en voulut être l'Homère, Térence le Ménandre, et Horace le Pindare.

Ésope semble moins s'être proposé sa propre réputation que l'utilité des autres; il ne dit pas un mot de lui-même : les suffrages de la postérité ne lui sont de rien, et ses fables ne sont devenues un corps d'ouvrage que par le soin qu'on a pris de les recueillir après lui.

Phèdre, au contraire, a voulu faire un livre. On sent dans sa composition un soin continu d'élégance; et, quoiqu'il soit simple et facile, il n'en est ni moins poli ni moins mesuré. Ésope, comme je l'ai dit, est un philosophe, et Phèdre est un auteur.

Inquiet sur l'accueil qu'on fait à ses ouvrages, il se plaint des injustices de l'envie, et il indique lui-même la mesure de réputation qui lui est due. Quelques-uns prétendaient l'avilir, en disant qu'il ne faisait que copier Ésope : il assure qu'il a beaucoup plus inventé qu'il n'a pris : d'autres l'accusaient d'avoir gâté son original ; il se vante de l'avoir perfectionné ; et si la critique maligne fait quelque temps obstacle à sa réputation, il se munit d'une constance stoïque pour attendre le retour des suffrages dont il semble ne pas douter.

Le préjugé pour les anciens est fort ancien lui-même : on s'en est plaint de bonne heure, et Phèdre nous témoigne qu'il régnait fort de son temps. Les sculpteurs mettaient à leurs statues les noms de Praxitèle et de Phidias, pour faire valoir leurs ouvrages, qui n'auraient pas été si bons, si on ne les avait crus de ces grands maîtres.

Il s'est servi, dit-il, du même stratagème pour mettre la jalousie contemporaine en défaut, et il appuie du nom d'Ésope bien des choses qu'il n'a pas prises de lui , afin de leur attirer ce respect dont les noms anciens étaient déjà en possession; mais il est bien honteux pour nous, que nous soyons gens à donner dans ces pièges, et que nos jugemens tiennent à si peu de chose.

Phèdre ne donne guère d'étendue à ses fables; mais, à tout prendre, il est encore prolixe auprès d'Ésope. Sa brièveté est toujours fleurie. Il peint par des épithètes convenables, et ses descriptions renfermées souvent en un seul mot, ne laisse pas de semer dans son ouvrage des grâces inconnues à l'inventeur : grâces cependant nécessaires à la Fable, dont le but est d'instruire. On lit une allégorie sèche et dénuée d'ornemens; mais on n'y revient plus, et l'instruction échappe bientôt : au lieu que les grâces du détail rappellent souvent le lecteur, et l'impression du fonds se renouvelle toutes les fois qu'elles le font relire.

Phèdre n'a pas craint de mêler dans ses

allégories une histoire de son temps. Il a bien connu que la Fable ne consistait pas absolument dans la fiction, mais dans un amas de circonstances, qui concourent ensemble à faire entendre une même vérité. L'histoire même devient alors allégorie : on ne la donne plus comme un fait réel; mais seulement comme une image, et comme l'occasion d'une réflexion importante.

Je reprocherais seulement à Phèdre d'avoir mis souvent sa morale à la tête de ses fables, et d'en mettre quelquefois de trop vagues, et qui ne naissent pas assez distinctement de l'allégorie.

Rendons-lui toute la justice qu'il mérite. Il a orné avec beaucoup d'art la simplicité d'Ésope. Il attache par une élégance douce, et qu'il contient toujours dans les bornes de sa matière. Mais selon les idées que j'ai données des choses, je lui trouve plus de politesse que de génie, moins de comique,

que de gracieux, et plus de naturel que de naïveté.

Pilpai doit trouver ici sa place; si ce n'est par le mérite de ses fables, du moins par leur célébrité; et comme il est inventeur, il ne faut pas, pour lui accorder quelque estime, y regarder de si près qu'à ceux qui sont guidés par des modèles : le mérite de l'invention compensera toujours bien des défauts.

Il gouverna long-temps l'Indostan sous un puissant empereur : il n'en était pas moins esclave; car les premiers ministres de ces souverains le sont encore plus que leurs moindres sujets : et voilà toujours l'esclavage confirmé dans l'honneur d'avoir enfanté la Fable.

Pilpai renferma toute sa politique dans les siennes; c'était le livre d'état, et la discipline de l'Indostan. Un roi de Perse, prévenu de la beauté de ses maximes, envoya recueillir ce trésor sur les lieux, et fit traduire Pilpai par son médecin. Les Arabes lui ont aussi décerné l'honneur de la traduction, et il est demeuré en possession de tous les suffrages du Levant.

Cependant, à quelque génie près, je le citerais plutôt comme un exemple des défauts, que pour un modèle des beautés. Ses fables n'ont souvent ni justesse, ni unité, ni naturel; il les contredit les unes par les autres, et quelquefois elles se contredisent toutes seules. Il fait dire aux animaux des choses si sérieuses, si étendues et si raisonnées, qu'on les perd de vue dans leurs discours; et quelquefois c'est encore pis dans leurs actions, qui ne sont pas le symbole des nôtres, mais les nôtres mêmes.

D'ailleurs ses fables ne sont pas détachées; il les embarrasse les unes dans les autres; les acteurs d'une fable en comptent de nouvelles, qui sont encore interrompues par d'autres; et le recueil de ces fictions est un roman bizarre d'animaux, d'hommes et de génies, composé dans son espèce, comme *Cyrus* et *les Exilés*, où les aventures se croisent à tout moment; ce qui m'a paru toujours un art assez importun.

Enfin, à l'exception de quelques endroits où Pilpai me paraît ingénieux et solide, je le trouve tout à la fois dans le reste puérile et sérieux, diffus et sec, inutile à l'instruction, quoique prodigue de morale; parce que, outre les contradictions qui la détruisent, il ne l'appuie pas d'ordinaire d'allégories assez justes.

La Fontaine nous tient lieu d'Ésope, de Phèdre et de Pilpai. Il a choisi ce qu'il a trouvé de meilleur dans les trois; et s'enrichissant encore de ce qu'il a pu recueillir de pareilles allégories, éparses de côté et d'autre, il nous a donné cet ample recueil de fables, qui fait tant d'honneur à la poésie française; car, quoiqu'il en dise, ce qu'il nous a laissé à glaner n'en vaut presque pas la peine; et il a réduit les auteurs qui voudraient le suivre dans son genre, à la nécessité d'inventer ou de traiter les mêmes sujets que lui. Traiter les mêmes sujets, pour ne pas mieux faire, eh! qui espérerait de mieux faire? c'est du temps perdu. L'entreprenne qui voudra; pour moi j'ai encore mieux aimé prendre le parti d'inventer, tout effrayant qu'il m'a paru d'abord, mais que je n'ose plus croire si difficile, depuis que j'en suis venu à bout.

La Fontaine s'était exercé long-temps à la narration dans ses contes, qui, quant à la manière, ont autant de rapport aux fables, qu'ils y ont d'opposition, quant au fonds et à la morale; et il semble que par ses fables, il ait voulu rendre aux mœurs ce qu'il leur avait ôté par ses contes.

Il était homme de sentiment, d'une naïveté douce et intéressante, plutôt simple que modeste ; car la modestie suppose quelque réflexion ; et il n'agissait, il ne parlait, il n'écrivait que d'abondance de cœur.

Tout original qu'il est dans les manières, il était admirateur des Anciens jusqu'à la prévention, comme s'ils eussent été ses modèles. *La brièveté,* dit-il, *est l'âme de la fable, et il est inutile d'en apporter des raisons ; c'est assez que Quintilien l'ait dit.*

Par une suite de cette admiration ingénue, il se croyait fort au-dessous de Phèdre ; mais un des grands hommes (1) de notre siècle a dit que cela ne tirait pas à conséquence ; et que La Fontaine ne le cédait ainsi à Phèdre que par bêtise : mot plaisant, mais solide, et qui exprime finement le caractère d'un génie supérieur, qui se méconnaît faute de se regarder avec assez d'attention.

---

(1) M. Fontenelle.

Le public, plus juste en sa faveur que lui-même, s'obstine à lui donner la préférence. Il rassemble en effet toutes les beautés dans son style. On y sent à chaque ligne ce que le riant a de plus gai, ce que le gracieux a de plus attirant. Il rend le familier élégant et nouveau, par l'usage ingénieux qu'il en sait faire ; et il joint à toute la liberté du naturel tout le piquant de la naïveté.

Je ne lui reprocherais que de n'avoir pas toujours su finir où il fallait, et par exemple dans la fable du *Pot au lait*, qui devait finir au lait renversé, d'avoir ajouté les circonstances froides de *la Laitière battue par son mari*, et de l'aventure racontée et nommée *le Pot au lait*.

Je n'ai pas le courage de trouver à redire aux négligences de sa versification, qui me paraissent assez rachetées par une infinité de grâces, mais que je n'ai pourtant pas voulu me permettre, parce que je n'ai pas dû compter sur les mêmes dédommagemens

Il me resterait à prévenir le public sur mon propre ouvrage : mais ce n'est pas à moi à lui apprendre ce qu'il doit penser de mes fables; c'est au contraire son jugement qui m'apprendra ce que j'en dois penser moi-même . . . . . . . . . .
. . . . . . . . . . . .

Il y a plusieurs réflexions sur l'art même de la fable, et j'y touche bien des choses que je viens de traiter dans ce discours; mais ces mêmes choses y sont dites différemment, et en renferment d'autres. D'ailleurs après avoir pris une idée de tout l'art dans ce discours, il sera peut-être utile d'en retrouver des préceptes épars dans le livre, à l'occasion de quelques fables, qui seront l'exemple du précepte; sans compter que le nombre et la cadence des vers invitent et aident à retenir ce que la prose ne fait que montrer.

Je m'attends bien à des critiques de toute espèce. Les tours familiers que j'emploie fréquemment, ne fourniront que trop d'occasions à la censure; j'y souscris de bon cœur pour les endroits où je me serai mépris : mais dans ceux même où j'aurai été le plus heureux, je n'échapperai pas à ses injustices. Comme les nuances, qui dans ce genre distinguent le familier du bas, ne sont pas assez déterminées, et qu'il n'y a qu'une vue délicate et exercée qui les puisse apercevoir, l'ignorance les confond aisément, la prévention les voit comme elle les veut voir, et la mauvaise foi les qualifie comme il lui plaît.

# FABLES CHOISIES

DE

# LAMOTHE-HOUDART.

## PROLOGUE GÉNÉRAL.

Alte-là, lecteur, et qui vive ?
Es-tu le partisan ou l'envieux du beau ?
Et si par hasard il m'arrive
De t'offrir quelque trait sensé, vif et nouveau ;
N'es-tu point résolu d'avance
A le trouver mauvais, et sans autre pourquoi ?
S'il est ainsi, je te dispense
D'aller plus loin : je n'écris pas pour toi.
Va-t-en porter ta censure hautaine
Sur Corneille, Boileau, Racine ou La Fontaine :
Voilà des écrivains dignes de t'exercer.
Pour moi, je n'en vaux pas la peine.

Ce serait pauvre gain que de me rabaisser.
>Je veux un lecteur équitable,
Qui pour tout mépriser n'aille pas se saisir
>De quelqu'endroit en effet méprisable ;
Qui me blâme à regret, lorsque je suis blâmable :
Et lorsque je suis bon, le sente avec plaisir.
>Vive ce lecteur sociable !
>Mais quant à ces lecteurs malins,
Qui des talens d'autrui font leur propre supplice,
Puissent naître pour eux des ouvrages divins,
>Dont le mérite les punisse !
Ils n'auraient avec moi que de petits chagrins.

# LE PERROQUET.

>Un homme avait perdu sa femme ;
>Il veut avoir un Perroquet.
Se console qui peut. Plein de la bonne dame,
Il veut du moins chez lui remplacer son caquet.
Il court chez l'oiselier. Le marchand de ramages,
>Bien assorti de chants et de plumages,
Lui fait voir rossignols, serins et sansonnets,

Surtout nombre de Perroquets.
Le moindre d'entre eux est habile,
Crie, à la cave, et dit son mot ;
L'un fait tous les cris de la ville ;
L'autre veut déjeûner, veut qu'on fouette Margot.
Tandis que notre homme marchande,
Hésite sur le choix, et tout bas se demande,
Lequel vaudra mieux ? il en aperçoit un
Qui rêvait seul, tapi sous une table:
Et toi, dit-il, Monsieur l'insociable,
Tu ne dis mot ? crains-tu d'être importun ?
Je n'en pense pas moins, répond en sage bête
Le Perroquet. Peste, la bonne tête !
Dit l'acheteur : çà, qu'en voulez-vous ? Tant.
Le voilà. Je suis trop content.
Il croit que son oiseau va lui dire merveille ;
Mais tout un mois, malgré ses leçons et ses soins,
L'oiseau ne lui frappe l'oreille
Que de son ennuyeux, *je n'en pense pas moins.*
Que maudite soit la pécore,
Dit le maître ; tu n'es qu'un sot ;
Et moi cent fois plus sot encore,
De t'avoir jugé sur un mot.

## LE RENARD ET LE CHAT.

Le Renard et le Chat fesant voyage ensemble,
Par maints discours moraux abrégeaient le chemin.
Qu'il est beau d'être juste ! ami, que vous en semble?
Bien pensé, mon compère : et puis discours sans fin.
Sur leur morale saine éloge réciproque ;
 Quand à leurs yeux, maître loup sort d'un bois.
Il fond sur un troupeau, prend un mouton, le croque,
  Malgré les cris et les abois.
O, s'écria le Chat, ô l'action injuste !
Pourquoi dévore-t-il ce paisible mouton ?
 Que ne broutait-il quelque arbuste ?
Que ne vit-il de gland, le perfide glouton ?
Le Renard renchérit contre la barbarie.
Qu'avait fait le mouton pour perdre ainsi la vie !
  Et pourquoi le loup ravissant
  Ne vivait-il pas d'industrie,
  Sans verser le sang innocent ?
Leur zèle s'échauffait, quand près d'une chaumine
  Arrivent nos scandalisés.
  Une poule de bonne mine

Du vieux docteur Renard frappe les yeux rusés.
Plus de morale : il court ; vous l'attrape et la mange :
　　Tandis qu'un rat qui sortait d'une grange,
　　　Assouvit aussitôt la faim
Du Chat, qui jusque là s'était cru plus humain.
　　Non loin de là, demoiselle araignée,
　　　Qui de sa toile vit le loup,
　　Raisonnait d'eux, comme ils fesaient du loup :
Une mouche à son tour n'en fut pas épargnée.

Nous voilà bien. Souvent nous condamnons autrui.
Que l'occasion s'offre ; en fait-on moins que lui ?

# LE MOQUEUR.

La nature est partout variée et féconde.
　　Dans un pays du Nouveau-Monde,
Qu'habitent mille oiseaux inconnus à nos bois,
　　Il en est un de beau plumage,
　　Mais qui pour chant n'eut en partage
Que le talent railleur d'imiter d'autres voix.
　　Sire Moqueur ( c'est ainsi qu'on l'appelle )

Entendit au lever d'une aurore nouvelle,
    Ses rivaux saluer le jour :
De brocards fredonnés le railleur les harcelle ;
    Rien n'échappe ; tout à son tour,
    De l'un il traine la cadence ;
    De l'autre il outre le fausset ;
Change un amour plaintif en fade doléance,
Un ramage joyeux en importun sifflet ;
    Donne à tout ce qu'il contrefait
    L'air de défaut et d'ignorance.
Tandis que mon Moqueur par son critique écho
Traitait ainsi nos chantres *d'apoco ;*
Fort bien, dit un d'entre eux, parlant pour tous les autres ;
Nos chants sont imparfaits ; mais montrez-nous des vôtres.

## L'ANE.

Sous quelle étoile suis-je né ?
Disait certain baudet couché dans une étable :
    Que de bon cœur je donne au diable
    Le maître ingrat que le Ciel m'a donné !
    Combien lui rends-je de services ?

Et combien m'en faut-il essuyer d'injustices ?
Debout long-temps avant le jour,
Il faut marcher, porter les herbes à la ville,
Courir de porte en porte ; et puis à mon retour
Rapporter le fumier qui rend son champ fertile ;
Aller chercher au bois ma charge de fagot ;
Toujours sur pied, toujours le trot.
Vient-il un dimanche, une fête ?
Je le porte à la foire, en croupe sa Margot,
Et puis en deux paniers Jacqueline et Pierrot.
Son maudit singe encor se campe sur ma tête.
Si je m'écarte un peu pour un brin de chardon,
Soudain marche martin bâton.
Tandis que son Bertrand, son baladin de singe,
Franc fainéant, maître étourdi,
Sautant, montrant le cul, gâtant habits et linge,
Vit sans soins, mange à table, est sur tout applaudi.
Peste du mauvais maître, et que Dieu le confonde !
Ami, lui dit un bœuf de cervelle profonde,
Le maître à qui le sort a voulu t'asservir,
N'est pas pire qu'un autre. Apprends qu'en ce bas monde
Il vaut mieux plaire que servir.

## LE CHAT ET LA CHAUVE-SOURIS.

Tout vrai ne nous plaît pas. Un vrai fade est commun
    Est chose inutile à rebattre.
    Que sert par un conte importun
De me prouver que deux et deux font quatre ?
Nous devons tous mourir. Je le savais sans vous :
    Vous n'apprenez rien à personne.
Je veux un vrai plus fin, reconnaissable à tous,
    Et qui cependant nous étonne ;
    Que ce vrai, dont tous les esprits
    Ont en eux-mêmes la semence ;
Qu'on ne cultive point, et que l'on est surpris
    De trouver vrai quand on y pense.
    Laissez donc là vos fictions,
Me va répondre un censeur difficile.
Pensez-vous nous donner quelques instructions ?
    Non pas à vous ; vous êtes trop habile :
Mais il est des lecteurs d'un étage plus bas ;
Et telle fiction qui ne vous instruit pas,
    A leur égard pourrait être instructive :
    Il faut que tout le monde vive.

Un Chat le plus gourmand qui fût,
N'ayant d'autre ami que son ventre,
Fondit sur un serin et sans respect du chantre,
L'étrangla net et s'en reput.
Le serin et le Chat vivaient sous même maître.
A peine aperçoit-ôn le meurtre de l'oiseau,
Que l'on jure la mort du traitre :
Chacun veut être son bourreau.
L'assassin l'entendit, et trembla pour sa peau.
Les vœux sont enfans de la crainte,
Il en fit un. S'il sort de se danger,
De la faim la plus rude éprouvât-il l'atteinte,
Il renonce aux oiseaux, n'en veut jamais manger ;
En atteste les dieux en leur demandant grâce :
Et comme si c'était l'effet de son serment,
Le maître oublia sa menace,
Et se calma dans le moment.
Le rominagrobis échappé de l'orage,
Trouva deux jours après une Chauve-Souris.
Qu'en fera-t-il ? son vœu l'avertit d'être sage ;
Son appétit glouton n'est pas du même avis.
Grand combat ! embarras étrange !
Le Chat décide enfin. Tu passeras, ma foi,
Dit-il, en tant qu'oiseau, je ne veux rien de toi ;

Mais comme souris, je te mange.
Le Ciel peut-il s'en fâcher ? non,
Se répondait le bon apôtre.
Son casuiste, c'est le nôtre,
L'intérêt, qui d'un mot se fait une raison.
Ce qu'on se défend sous un nom,
On se le permet sous un autre.

## LA RONCE ET LE JARDINIER.

La ronce un jour accroche un jardinier :
 Un mot, lui dit-elle, de grâce ;
Parlons de bonne foi, Gros-Jean, suis-je à ma place ?
Que ne me traites-tu comme un arbre fruitier ?
 Que fais-je ici plantée en haie,
 Que servir de suisse à ton clos ?
Mets-moi dans ton jardin, et par plaisir essaie
Quel gain t'en reviendra ; je te le promets gros :
Tu n'as qu'à m'arroser, me couvrir de la bise ;
 Je m'engage à rendre à tes soins
 Des fruits d'une saveur exquise,
Et des fleurs qui vaudront roses et lis au moins.

J'en pourrais dire davantage;
Mais j'ai honte de me louer :
Mets-moi seulement en usage,
Et je veux que dans peu tu viennes m'avouer
Que je vaux moins encor au parler qu'à l'ouvrage.
C'est en ces mots que s'exhalaient
L'amour propre et l'orgueil de la plante inutile.
Gros-Jean la crut en imbécile.
Du temps que les plantes parlaient,
On n'était pas encore habile.
On transplante la ronce ; on la fait espalier.
Loin qu'on s'en fie à la rosée,
Quatre fois plutôt qu'une, elle était arrosée :
Pour elle ce n'est trop de Gros-Jean tout entier.
Comme elle l'a promis, elle se multiplie ;
Elle étend sa racine et ses branches au loin.
Sous ses filets armés tout se casse, tout plie ;
Fruits, potager, tout meurt ; les fleurs deviennent foin.
Gros-Jean reconnut sa folie,
Et n'en crut plus les plantes sans témoin.
Pour qui se vante, point d'oreilles :
Telles gens sont bientôt à bout.
A les entendre ils font merveilles ;
Laissez-les faire, ils gâtent tout.

## LES SINGES.

Le peuple Singe un jour voulait élire un roi.
Il prétendait donner la couronne au mérite ;
 C'était bien fait. La dépendance irrite,
Quand on n'estime pas ceux qui donnent la loi.
La diète est dans la plaine, on caracole, on saute :
Chacun sur la puissance essaie ainsi son droit,
Car le sceptre devait tomber au plus adroit.
Un fruit pendait au bout d'une branche assez haute,
Et l'agile sauteur qui saurait l'enlever,
Était celui qu'au trône on voulait élever.
 Signal donné, le plus hardi s'élance,
Il ébranle le fruit ; un autre en fait autant,
L'autre saute à côté, prend l'air pour toute chance,
  Et retombe fort mécontent.
  Après mainte et mainte secousse,
  Prêt à choir où le vent le pousse,
  Le fruit menaçait de quitter.
Deux prétendans ont encor à sauter :
Ils s'élancent tous deux : l'un pesant, l'autre agile :
  Le fruit tombe ; et vient se planter

Dans la bouche du malhabile :
L'adroit n'eut que la queue. Il eut beau s'en vanter ;
　　Allons, cria le sénat imbécile ;
Celui qui tient le fruit, doit seul nous régenter.
Un long vive le roi fend soudain les nuées,
L'adresse malheureuse attira les huées.
　　Oh ! oh ! le plaisant jugement,
Dit un vieux singe ; imprudens que nous sommes !
　　C'est par trop imiter les hommes :
　　Nous jugeons par l'événement.
　　L'histoire des Singes varie ;
Sur cet événement il est double leçon.
Pour l'un et l'autre cas la nation parie ;
Je doute aussi du vrai ; mais l'un et l'autre est bon.
On dit que le vieux Singe affaibli par son âge
　　Au pied de l'arbre se campa.
　　Il prévit en animal sage,
Que le fruit ébranlé tomberait du branchage,
　　Et dans sa chute il l'attrapa.
Le peuple à son bon sens décerna la puissance ;
　　On n'est roi que par la prudence.

## LES SACS DES DESTINÉES.

On n'est pas bien dès qu'on veut être mieux.
Mécontent de son sort, sur les autres fortunes
Un homme promenait ses désirs et ses yeux,
  Et de cent plaintes importunes
  Toujours fatiguait les dieux.
 Par un beau jour Jupiter le transporte
  Dans les célestes magasins
Où dans autant de sacs scellés par les destins,
Sont par ordre rangés tous les états que porte
  La condition des humains.
Tiens, lui dit Jupiter, ton sort est dans tes mains.
Contentons un mortel une fois en la vie :
Tu n'en es pas trop digne, et ton murmure impie
Méritait mon courroux plutôt que mes bienfaits;
Je n'y veux pas ici regarder de si près.
  Voilà toutes les destinées ;
 Pèse et choisis ; mais pour régler ton choix,
  Sache que les plus fortunées
 Pèsent le moins : les maux seuls font le poids.
Grâce au seigneur Jupin, puisque je suis à même,

Dit notre homme, soyons heureux.
Il prend le premier sac; le sac du rang suprême,
Cachant les soins cruels sous un éclat pompeux.
  Oh, oh! dit-il, bien vigoureux
  Qui peut porter si lourde masse!
Ce n'est mon fait. Il en pèse un second,
  Le sac des grands, des gens en place :
Là gisent le travail et le penser profond,
L'ardeur de s'élever, la peur de la disgrâce,
Même les bons conseils que le hasard confond.
 Malheur à ceux que ce poids-ci regarde,
 Cria notre homme, et que le ciel m'en garde !
A d'autres. Il poursuit, prend et pèse toujours,
Et mille et mille sacs trouvés toujours trop lourds :
Ceux-ci par les égards et la triste contrainte :
  Ceux-là par les vastes désirs ;
  D'autres par l'envie ou la crainte ;
Quelques-uns seulement par l'ennui des plaisirs.
O ciel! n'est-il donc point de fortune légère?
  Disait déjà le chercheur mécontent :
Mais quoi! me plains-je à tort? j'ai, je crois, mon affaire;
  Celle-ci ne pèse pas tant.
  Elle pèserait moins encore,
Lui dit alors le dieu qui lui donnait le choix,

Mais tel en jouit qui l'ignore ;
Cette ignorance en fait le poids.
Je ne suis pas si sot ; souffrez que je m'y tienne,
Dit l'homme : Soit, aussi bien c'est la tienne,
Dit Jupiter. Adieu ; mais là-dessus
Apprends à ne te plaindre plus.

## LES DEUX LÉZARDS.

Au coin d'un bois, le long d'une muraille,
Deux lézards, bons amis, conversaient au soleil.
Que notre état est mince ! en est-il un pareil ?
Dit l'un. Nous respirons ici vaille que vaille,
Et puis c'est tout ; à peine le sait-on :
Nul rang, nulle distinction.
Que maudit soit le sort de m'avoir fait reptile !
Encor, si comme on dit que l'on en trouve ailleurs,
Il m'eût fait gros lézard, et nommé crocodile,
J'aurais ma bonne part d'honneurs,
Je ferais revenir la mode
Du temps où sur le Nil l'homme prenait sa loi :
Encensé comme une pagode,

Je tiendrais bien mon quant à moi...
Bon! dit l'ami sensé, quel regret est le vôtre?
Comptez-vous donc pour rien de vivre sans souci?
L'air, la campagne, le soleil, tout est nôtre;
　　Jouissons-en : rien ne nous trouble ici.
Mais l'homme nous méprise. En voilà bien d'un autre!
　Ne saurions-nous le mépriser aussi?
　　　Que vous avez l'âme petite!
　　　Dit le reptile ambitieux.
　　　Non, mon obscurité m'irrite,
　Et je voudrais attirer tous les yeux.
Ah! que j'envie au cerf cette taille hautaine,
Et ce bois menaçant qui doit tout effrayer!
Je l'ai vu se mirer tantôt dans la fontaine,
Et cent fois de dépit j'ai pensé m'y noyer.
Il est interrompu par un grand bruit de chasse;
　　　Et bientôt le cerf relancé
　Tombe près d'eux, et pleurant sa disgrâce,
　　Cède aux chiens dont il est pressé.
Au bruit d'un cor perçant, tout court à la curée;
Ni meute, ni chasseur ne songent au Lézard :
Mais la bête superbe à la meute est livrée;
Brifaut, Gerfaut, Miraut, chacun en prend sa part.
　　Après la sanglante aventure :

Fait-il bon être cerf? dit l'ami sage. Hélas!
Dit le fou détrompé, vive la vie obscure.
Petits, les grands périls ne vous regardent pas.

## LE BOEUF ET LE CIRON.

Qu'est-ce que l'homme? Aristote répond :
   C'est un animal raisonnable
Je n'en crois rien : s'il faut le définir à fond,
C'est un animal sot, superbe et misérable.
  Chacun de nous sourit à son néant,
    S'exagère sa propre idée :
    Tel s'imagine être un géant,
    Qui n'a pas plus d'une coudée.
Aristote n'a pas trouvé notre vrai nom.
    Orgueil et petitesse ensemble,
    Voilà tout l'homme, ce me semble.
  Est-ce donc là ce qu'on nomme raison?
Quoi qu'il en soit, voici quelqu'un qui nous ressemble :
  Au bon cœur près, tout homme est mon Ciron.

Messire Bœuf, las de vivre en province,

Partait d'Auvergne pour Paris.
Sur l'animal épais, l'animal le plus mince,
Cadet Ciron voulut voir le pays.
Il prend place sur une corne ;
Mais à peine s'est-il logé,
Qu'il plaint le pauvre Bœuf, et juge à son air morne,
Qu'il se sent déjà surchargé.
N'importe, il faut suivre sa course ;
Eh ! comment sans cette ressource,
Pouvait-il voyager, et contenter son goût ?
Le Bœuf lui tiendrait lieu de tout ;
D'hôtellerie ainsi que de voiture,
De lit ainsi que de pâture :
A fatiguer le Bœuf le besoin le résout.
Ils partent donc ; déjà de plaine en plaine
Ils ont franchi bien du chemin.
Lorsque le Bœuf s'arrête et prend haleine,
Il est grevé ; mon Dieu ! que je lui fais de peine,
Dit le voyageur clandestin.
Si tourmenté de la saison brûlante,
De ses mugissemens l'animal frappe l'air,
Par vanité compâtissante
Notre atome se fait léger.
Même, de peur d'amaigrir sa monture,

Vous l'eussiez vu sobre dans ses repas.
Faisons, se disait-il, faisons chère qui dure ;
Je l'affaiblirais trop ; il n'arriverait pas.
On arrive pourtant jusqu'à la capitale.
Cadet Ciron sain et sauf arrivé,
Demande excuse au Bœuf qu'il croit avoir crevé.
Qui me parle là-haut ! dit d'une voix brutale
Messire Bœuf. C'est moi. Qui ? Me voilà.
Eh ! l'ami, qui te savait là ?

Je laisserai la fable toute nue,
Qu'ici plus d'un Ciron se reconnaîtrait bien.
Tel qui se grossit à sa vue,
Se croit quelque chose et n'est rien.

## LA LOTERIE DE JUPITER.

Le bon Jupin voulant gratifier
La race humaine sa servante,
Par Mercure fit publier
Une ample loterie, en tous biens abondante.
Tout billet était noir ; chacun devait gagner.

Point de sixième à prendre sur l'espèce.
Les premiers lots étaient les plaisirs, la richesse,
　　Les honneurs, le droit de régner.
　　Le gros lot était la sagesse.
　　Le plus grand nombre, et les moins bien traités,
De l'espérance au moins devaient être dotés.
Quant au prix des billets, c'était des sacrifices;
　　Les autels étaient les bureaux.
Jupiter reçut tout, chèvres, moutons, génisses,
　　Pigeons, jusques à des gâteaux,
　　Et moins encor; car le dieu favorable,
　　Aimant les hommes comme siens,
　　Ne voulut pas que le plus misérable
　　Demeurât exclu de ses biens.
　　J'oubliais qu'il voulut permettre
　　A quelques-uns des dieux d'y mettre.
Bientôt la loterie est pleine; il faut tirer.
　　Tous les billets sont jetés dans une urne,
Brouillés et rebrouillés. Puis le fils de Saturne:
　　C'est donc au Sort à se montrer,
　　Dit-il; je veux que ce soit lui qui tire;
　　Aveugle, il est hors de soupçon.
Le Sort tire en effet, Mercure a soin d'écrire
　　A chaque fois et le lot et le nom.

De l'urne à millions sortent les espérances ;
C'était toujours cela. Puis de meilleures chances
    Faisaient paraître quelquefois
Des amans fortunés, des riches et des rois.
Le gros lot vient enfin : on nomme la Sagesse.
Pour qui ? Numéro tant, et Minerve pour nom.
Soudain entre les dieux, fanfares, allégresse ;
    Chez l'homme au contraire tristesse,
    Murmure, injurieux soupçon.
Que voilà bien un trait de père de famille,
    Dit tout le genre humain fâché.
Jupiter fait tomber le gros lot à sa fille !
Bon, cela saute aux yeux, Jupiter a triché.
Pour punir et calmer cette insolence impie,
Quel moyen croyez-vous que Jupin inventa ?
Au lieu de la Sagesse, il donna la Folie
    A l'homme qui s'en contenta.
On ne se plaignit plus, et depuis ce partage
    Le plus fou se crut le plus sage.

## LES DEUX STATUES.

Sur le sommet d'un temple magnifique,
On voulut élever l'image de Pallas ;
Et pour ce monument toute une république
    Mit en œuvre deux Phidias :
Grand prix pour qui ferait la plus belle statue ;
On veut choisir. Un seul devait avoir l'argent,
    Et la gloire par conséquent ;
    L'autre rien. Chacun s'évertue,
    Fait de son mieux : honneur et gain
Pressent nos ouvriers, leur conduisent la main.
    Ils ont bientôt achevé leur ouvrage ;
On le porte au parvis. Le peuple d'y courir :
Alors de tous les yeux l'un ravit le suffrage ;
    L'autre à peine se peut souffrir.
Celui qu'on admirait brillait de mille grâces ;
    Tous les traits étaient délicats ;
Les contours arrondis : bref, malgré ses menaces,
    La critique n'y mordit pas.
L'autre n'était auprès qu'un marbre encor informe ;
    Rien de fini, chaque trait est grossier,

Contours monstrueux, taille énorme :
Le peuple renvoyait l'ouvrage à l'atelier.
Voilà le maître et l'autre est l'écolier.
On allait délivrer le prix sans autre forme.
Tout beau, dit le sculpteur ; il faut nous éprouver.
Est-ce pour le parvis que ma statue est faite ?
Sur le Temple avec l'autre il la faut élever ;
Et vous verrez d'ici qu'elle est la plus parfaite.
On le fit en plaignant les frais ;
Mais d'abord tout changea de face.
La Statue admirée en perdit tous ses traits ;
L'éloignement les confond, les efface.
L'autre par la distance acquiert toute la grâce
Qu'on ne soupçonnait point, en la voyant de près.
Il faut voir les choses en place.

## LA MAGICIENNE.

La nuit avait au monde amené le repos :
Le silence régnait sur toute la nature,
Et l'obligeant Morphée à chaque créature
Fesait litière de pavots.

Une sorcière de Carie,
Une vieille Médée, une autre Canidie,
Savante en l'art d'interroger le sort,
Pour exercer sa science hardie,
Arrive dans un bois qui tremble à son abord.
Dans le centre d'un cercle elle établit la scène
De ses enchantemens divers ;
Sur l'autel en triangle allume la verveine,
En prononçant les mots souverains des enfers.
Pour sacrifice au dieu du noir rivage,
Elle souffle la peste au plus prochain bercail ;
Et fait sur l'heure à l'innocent bétail
Perdre le goût du pâturage.
Pluton, de ce grand art le vassal immortel,
Députe à la sorcière une légion d'ombres,
Qui viennent des royaumes sombres
Comparaître au magique autel.
Ce n'est pas tout. Il faut que du Ciel arrachée
La lune descende en ce bois.
De son char, par un mot, la voilà détachée.
Des pauvres Cariens les tambours et les voix
La rappellent en vain : la lune est empêchée ;
A quoi ? vous allez voir. Dès que tout s'est rendu
Aux lois de la Magicienne,

Tirez-moi de souci, leur dit la Carienne ;
Où puis-je retrouver un chien que j'ai perdu ?
Quoi fallait-il troubler l'ordre de la nature,
    Lui dit Hécate, pour ton chien ?
    Eh ! que m'importe son allure,
Dit la vieille, pourvu que je n'y perde rien ?


Que de gens ne seraient, avec même puissance,
    Ni plus justes ni plus sensés !
Pour un rien ils mettraient tout le monde en souffrance ;
    Ils se contentent ; c'est assez.
Est-ce hyperbole ? Non : et ma fable s'appuie
    D'un fait connu de l'univers.
    Parce qu'Alexandre s'ennuie,
    Il va mettre le monde aux fers.

## LES OISEAUX.

Sur un haut chêne, au pied d'une montagne,
S'étaient, dès le matin, assemblés mille Oiseaux,
    Qui, voltigeant de rameaux en rameaux,
De leurs brillans concerts égayaient la campagne.

Ainsi, sans soins, sans embarras,
Chantant leur joie ou leur tendre martyre,
Ils attendaient l'heure de leur repas,
Ou leur appétit, pour mieux dire..
Ils le sentaient venir, lorsque tout à propos
Un sansonnet vint leur apprendre
Qu'à mille pas de l'arbre ils n'avaient qu'à se rendre;
Le grain, leur disait-il, s'y versait à grands flots.
Venez... Ne soyez pas si sots,
Leur dit une alouette; on songe à vous surprendre :
Grain, vous dit-on, d'accord; mais aussi vrais panneaux
Que l'oiseleur vient de vous tendre;
Et que je sois le dernier des oiseaux
Si... La pauvre alouette est une autre Cassandre,
Qu'on ne croit point, qu'on ne veut point entendre;
Et nos Troyens ailés, entraînés par la faim,
Suivent le sansonnet au grain.
Vous le voyez, dit-il. Le premier il y vole :
On l'a suivi sur sa parole;
Sur son exemple on se met à manger :
Mais le panneau se ferme, et voilà dans la geôle
Nos pauvres indiscrets. Quelques-uns d'enrager;
Les autres encor de gruger.
En enrageant cela console.

12.

Je vous ai prédit le danger,
Vous trompais-je, dit l'alouette,
Qui seule avait la clef des champs.
Non, répondit quelqu'une de dedans,
C'est qu'on croit trop ce qu'on souhaite,
Et l'on connaît son tort quand il n'en est plus temps.

---

## L'AVARE ET MINOS.

DE tous les vices des humains,
Le plus moqué, c'est l'avarice.
C'est aussi le plus fou. Bernez-le, c'est justice :
Quant à moi, j'y donne les mains.
Qu'Apollon me mette à sa place,
J'arme tous les auteurs contre un vice si sot.
Nul rang, nul honneur au Parnasse,
A quiconque sur lui n'eût pas lâché son mot.

. . . . . . . .

. . . . . . . .

Auprès d'un immense trésor
Certain avare expira de misère ;

   Et dans sa demeure dernière
N'emporta qu'un denier qu'on lui plaignit encor.
   Car telle est la gent héritière ;
   Vous lui laissez des monceaux d'or,
Elle plaint au défunt le bûcher ou la bière.
Notre ombre arrive au Styx dans le temps que Caron
   Recevait son droit de passage,
   Et repoussait de l'aviron
Quiconque n'avait pas pour payer son voyage.
Mais l'avare amoureux de son pauvre denier
Ne peut s'en dessaisir. Il fraude le péage ;
   A la barbe du nautonnier,
Dans le milieu du Styx il se jette à la nage ;
   Fend le fleuve. On a beau crier,
L'ombre à force de bras atteint l'autre rivage.
Cerbère à son aspect aboya triplement.
   Bientôt à l'affreux hurlement
Des noires sœurs vient la cruelle bande,
   Qui se saisit dans le moment
   De cette ombre de contrebande.
On la mène à Minos ; le cas était nouveau :
On veut par un exemple assurer le bureau.
Vous eussiez vu Minos rouler dans sa cervelle
   Le crime et la punition.

L'ombre avare mérite-t-elle
Le tourment de Tantale ou celui d'Ixion ?
　　L'enverra-t-il relayer Prométhée,
Ou bien aider Sisyphe à rouler son fardeau ?
Vaut-il mieux l'obliger à remplir ce tonneau,
Où des brus d'Égyptus la troupe détestée
　　Perd toujours sa peine et son eau ?
Non, dit Minos. Il faut le punir davantage.
　　Les tourmens d'ici ne sont rien.
Qu'il s'en retourne au monde : ouvrons-lui le passage,
　　Je le condamne à voir l'usage
　　Que l'on va faire de son bien.

---

# LA PIE.

Un traitant avait un commis :
Le commis un valet : le valet une pie.
Quoique de la rapine ils fussent tous amis,
Des quatre l'animal était la moins harpie.
Le financier en chef volait le souverain ;
Le commis en second volait l'homme d'affaire,
Le valet grapillait, il eût voulu mieux faire :

Et des gains du valet Margot faisait sa main.
  C'est ainsi que toute la vie
  N'est qu'un cercle de volerie.
 Le valet donc à son petit magot
  Trouvait toujours quelque mécompte.
Qu'est-ce, dit-il ? quel est le coquin qui m'affronte ?
Dans mon taudis il n'entre que Margot.
  A tout hasard il vous l'épie,
  Et la prend bientôt sur le fait :
  «Il voit notre galante Pie
  Du coin de l'œil faisant le guet,
 Prendre à son bec la pièce de monnoie,
Et puis dans le grenier courant cacher sa proie.
C'était là que Margot avait son coffre fort ;
Amassant sans jouir, bien d'autres ont ce tort.
Oh çà, dit le valet, en surprenant sa belle,
  Je te tiens donc, et mon argent aussi :
  Voyez la gentille femelle !
  J'en suis d'avis, on volera pour elle,
Elle en aurait le gain, j'en aurais le souci.
Il prononce à ces mots la sentence mortelle.
Margot à sa façon se jette à ses genoux :
Grâce, lui cria-t-elle, un peu plus d'indulgence,
Au fond, je n'ai rien fait que vous ne fassiez tous »

Ou par justice ou par clémence,
Donnez-moi le pardon qu'il vous faudrait pour vous.
Ce caquet était raisonnable,
Mais le valet inexorable,
Lui coupe la parole, et lui tord le gosier.

Le plus faible, c'est l'ordre, est puni le premier.

---

# L'ENFANT ET LES NOISETTES.

Que j'aime une image naïve,
Qui soit en apparence une leçon d'enfant,
Et qui, pour le sage instructive,
Renferme un précepte important !
Les grandes vérités charment sous cette écorce ;
On ne les attend point, et d'abord on les voit;
Cette surprise y donne de la force.

Un jeune Enfant, je le tiens d'Épictète,
Moitié gourmand et moitié sot,
Mit un jour sa main dans un pot,
Où logeait mainte figue avec mainte noisette.
Il en emplit sa main tant qu'elle en put tenir ;

*N'en prends que la moitié, mon enfant, tu l'auras.*

Puis la veut retirer ; mais l'ouverture étroite
Ne la laisse point revenir.
Il ne sait que pleurer ; en plainte il se consomme :
Il voulait tout avoir, et ne le pouvait pas.
Quelqu'un lui dit ( et je le dis à l'homme ),
N'en prends que la moitié, mon Enfant, tu l'auras.

## LE LYNX ET LA TAUPE.

Jadis dans le siècle des fables,
Et du temps qu'il était des sirènes, des sphynx,
Centaures et choses semblables,
Vivait aussi messire Lynx ;
L'argus des animaux, dont la perçante vue
Ne trouva jamais rien d'obscur ;
Tandis que l'œil du jour perce à peine la nue,
Le sien perce au travers d'un mur.
Un de ces animaux tapi sous un branchage
( Car ils étaient chasseurs de leur métier ),
Se tenaient à l'affût, attendait le gibier,
Préparant ses dents à l'ouvrage.
Notre argus aperçoit une Taupe en son trou :
Ah ! lui dit-il, que je te plains, ma mie !
Pauvre animal, que fais-tu de la vie !

Tu n'as point d'yeux ; Jupiter était fou,
Quand il te fit de cette sorte.
Pourquoi t'ôter le jour qui doit tout éclairer ?
Tu fais fort bien de t'enterrer ;
Je te tiens plus d'à moitié morte ;
Et ce serait faveur que de te dévorer.
Pardonnez-moi, lui dit la dame ;
Je sens fort bien que je vis tout-à-fait.
Je n'ai point d'yeux ; est-ce un sujet
D'accuser Jupiter ? Croyez-m'en, sur mon ame,
Il a bien fait ce qu'il a fait.
A-t-il besoin qu'on le conseille ?
Il m'a donné de sa grâce une oreille
Qui vaut des yeux, et qui me sert autant.
Tenez, par exemple, elle entend
Derrière vous un bruit qui vous menace ;
Je crains pour vous quelque disgrâce,
Fuyez. Dame Taupe entendait
La corde d'un arc qu'on bandait.
La flèche part et l'atteinte mortelle
Envoya notre argus dans la nuit éternelle.

Mépriseurs indiscrets, vous ne connaissez rien ;
Les dons sont partagés, et chacun a le sien.

## LES DEUX SONGES.

Variété, je t'ai voué mon cœur;
  Qui te perd un moment de vue,
  Tombe aussitôt dans la langueur.
  Rien ne charme à la continue;
Seule tu plais toujours. J'ai pitié du lecteur,
Quand tu n'as pas versé tes grâces sur l'auteur.
Préside à mes récits, préside à mes images,
  Peins toi-même mes paysages.

. . . . . . . . . . .

Deux songes, grands menteurs, l'un noir, mélancolique,
L'autre blanc et vermeil comme albâtre et corail,
  Sortaient un matin du sérail.
D'un esclave le blanc s'était fait domestique,
Et le noir avait pris le Grand-Seigneur à bail,
  Même à bail emphytéotique.
Ils retournaient ensemble au ténébreux manoir :
  Çà, dit le songe blanc au noir,
  As-tu bien tourmenté ton homme ?
Je t'en réponds, dit l'autre, et vingt fois en sursaut

  Je l'ai retiré de son somme,
Je l'ai de mal en pis promené comme il faut.
  Par l'infidèle janissaire,
D'abord de la prison j'ai fait tirer son frère,
On l'arrachait du trône, et près d'être étranglé
Il s'éveille en criant, tout en eau, tout troublé :
  Je l'attendais à la reprise.
  Il se rendort, et sur-le-champ
 Je me transforme en nouveau Tamerlan,
J'attaque sa hautesse, et la ville est surprise,
  A mon pouvoir tout se soumet.
 De ses enfans je fais ample carnage,
  Et lui-même je vous l'encage,
  Ainsi qu'un autre Bajazet.
Nouveau sursaut, et dès qu'il se remet ;
  Sur l'oreiller, nouvelle image
Plus triste encore : enfin, je m'en donne à souhait.
Voilà toutes les nuits le soin qui me regarde,
C'est ma tâche en un mot. Je corromps ses visirs,
Le muphti le proscrit, je révolte sa garde,
  Une sultane le poignarde,
  Ce sont là mes menus plaisirs.
  Je lui rends la nuit si funeste
Qu'il en a pour le jour du trouble encor de reste.

Oh! pour moi, dit le songe blanc,
Je sers mieux mon homme, et ma tâche
Est de le rendre heureux, de rafraîchir son sang.
A peine le sommeil sur son grabat l'attache,
Que d'abord je le fais sultan.
Il prend sa place au trône, assemble le divan,
Fait des lois, déclare la guerre,
De succès en succès soumet toute la terre,
N'en fait pour lui qu'un peuple, et tout mahométan.
Puis pour se délasser, de sultane en sultane
Va promener ses vœux, examine, et le soir,
Tous attraits bien pesés, il jette le mouchoir.
Je n'offre à ses regards que tableaux de l'Albane.
Chaque nuit ma faveur le met
Au paradis de Mahomet.
Problème embarrassant, question épineuse!
Lequel choisir des deux états?
Une vie est souvent heureuse ou malheureuse
Par les endroits qu'on n'en voit pas.
Ambitieux toujours en quête
De puissance et d'honneurs, gare le songe noir,
Nous n'envions les grands que faute de savoir
Ce qui leur passe par la tête.

## LES SINGES MATELOTS.

Un navire chargé d'une peuplade Singe,
Colonie amassée aux forêts de Narsinge (1),
    Venait d'arriver dans un port.
Le débit était sûr de cette marchandise ;
    Le roi du pays l'aimait fort.
    Que ce fût bon goût où sottise,
Avec lui tout son peuple avait raison ou tort.
Le monde se conforme à l'exemple du maître ;
Et surtout de la cour c'est là le rudiment.
Le prince est enrhumé ; le courtisan veut l'être :
    La mode en court dans le moment.
Nos marchands de magots, pour annoncer leur foire,
    Dans la ville étaient descendus ;
    L'équipage était allé boire ;
    Les Singes restaient et rien de plus.
Leur doyen se leva, capable personnage :
Camarades, dit-il, je médite un bon tour ;

---

(1) Royaume de l'Inde. Le vrai mot est Narsingue, mais quelques-uns ont dit Narsinge.

Dérobons-nous à l'esclavage,
L'occasion nous rit, hâtons notre retour.
　　Vous avez vu quelle manœuvre
　　Gouverne les vents et les flots ;
Pour notre apprentissage essayons ce chef-d'œuvre ;
　　Je serai le pilote et vous les matelots.
Vivent les bons conseils ! s'écria l'assemblée ;
　　Partons : liberté ! liberté !
On démarre aussitôt ; la voile est étalée :
Et voilà par les vents le navire emporté.
Tout allait bien d'abord ; plus d'un Zéphir les pousse:
　　Vous eussiez vu maint petit mousse
Courant de vergue en vergue, et grimpant sur les mâts.
Tandis qu'au gouvernail le vieux Singe se place,
D'un pilote inquiet affectant la grimace :
On l'eût pris pour Typhis à son grave embarras.
Messieurs, leur disait-il, l'orage nous menace ;
　　Je vois un nuage là-bas :
Déjà des mers se ride et se noircit la face :
Nous aurons du gros temps ; mais ne le craignez pas.
　　Il disait vrai quant à l'orage,
　　Quant à son art, c'était un autre cas.
Les vents dans le moment déployèrent leur rage ;
De foudres redoublés un horrible fracas

Alarme le pauvre équipage,
Qui se voit en tout temps à deux doigts du trépas.
Ils font à tout hasard ce qu'ils avaient vu faire ;
Mais ils le font en imprudens.
Il faut caler la voile, ils font tout le contraire :
Voulant fuir les rochers, ils vont donner dedans.
Comme ils ont vu dans pareille aventure,
Des matelots jurant, d'autres faisant des vœux ;
Les Singes font de même entre eux ;
Celui-là prie, et l'autre jure ;
Priant, jurant, chacun travaille à qui mieux mieux,
Ou bien à qui plus mal ; c'est pure étourderie.
Eh ! que leur sert leur aveugle industrie ?
Le vaisseau heurte un roc et se brise à leurs yeux ;
Et la mer abîme toute la singerie.

Imitateurs, je prends mes Singes à témoin ;
Vous échoûrez : votre art ne vous mène pas loin.

## LA ROSE ET LE PAPILLON.

Il était une Rose en un jardin fleuri,
Se piquant de régner entre les fleurs nouvelles ;
    Papillon aux brillantes ailes,
    Digne d'être son favori,
Au lever du soleil lui conte son martyre,
    Rose rougit, et puis soupire.
Ils n'ont pas, comme nous, le temps de longs délais.
    Marché fut fait de part et d'autre :
Je suis à vous, dit-il : moi, je suis toute vôtre.
Ils se jurent tous deux d'être unis à jamais.
Le Papillon content la quitte pour affaire,
    Ne revient que sur le midi.
Quoi ! ce feu soi-disant si vif et si sincère,
    Lui dit la Rose, est déjà refroidi ?
Un siècle s'est passé ( c'était trois ou quatre heures ),
    Sans aucun soin que vous m'ayez rendu :
    Je vous ai vu dans ces demeures,
Porter de fleurs en fleurs un amour qui m'est dû,
Ingrat, je vous ai vu baiser la violette,
    Entre les fleurs simple grisette,

Qu'à peine on regarde en ces lieux ;
Toute noire qu'elle est, elle a charmé vos yeux.
Vous avez caressé la tulipe insipide,
    La jonquille aux pâles couleurs ;
    La tubéreuse aux malignes odeurs.
Est-ce assez me trahir ? es-tu content, perfide ?
    Le petit-maître Papillon
    Répliqua sur le même ton :
  Il vous sied bien, coquette que vous êtes,
  De condamner mes petits tours ;
  Je ne fais que ce que vous faites ;
Car j'observais aussi vos volages amours.
    Avec quel goût je vous voyais sourire
Au souffle caressant de l'amoureux Zéphyre !
    Je vous passerais celui-là :
    Mais non contente de cela,
  Je vous voyais recevoir à merveille
    Les soins empressés de l'abeille :
Et puis, après l'abeille, arrive le frelon ;
Vous voulez plaire à tous, jusques au moucheron :
    Vous ne refusez nul hommage ;
Ils sont tous bien venus, et chacun à son tour.

    C'est providence de l'Amour,
    Que coquette trouve un volage.

## L'ORME ET LE NOYER.

Sur le penchant d'une montagne,
Haut et puissant seigneur de la campagne,
L'Orme habitait près du Noyer.
Bons voisins, ils jasaient pour se désennuyer.
L'Orme disait à son compère :
En vérité, j'ai lieu de me plaindre du sort.
Je suis haut, verdoyant et fort ;
Stérile avec cela ; point de fruit, j'ai beau faire,
Je n'en saurais porter : la nature eut grand tort.
Je fais ombre, et c'est tout : cela me mortifie.
Voisin Noyer le consolait :
Il te fâche de voir comme je fructifie ;
J'ai trop de ce qu'il te fallait.
Mais que veux-tu, le ciel répand ses grâces
Comme il lui plaît, non pas comme nous l'entendons.
Plus élevé que moi, de vingt pieds tu me passes :
Il m'a fait à moi d'autres dons.
J'ai le meilleur lot à tout prendre ;
Le fruit nous sied fort bien ; arbre qui n'en peut rendre,
N'est à mon sens un arbre qu'à demi.

Mais console-toi, mon ami,
Il ne t'en viendra pas à force de murmure :
Il faut vouloir ce que veut la nature.
Le Noyer babillard continuait toujours,
Quand un essaim d'enfans interrompt son discours.
A coups de bâton et de pierre,
Le bataillon lui livre une cruelle guerre.
Le pauvre arbre n'a point de noix
Qui ne lui coûte au moins une blessure.
Il reçoit cent coups à la fois ;
Adieu ses fruits et sa verdure.
La moisson faite, on veut encor glaner.
Sans respect du Noyer, sur lui la troupe monte :
On le rompt, on l'ébranche : il crie : on n'en tient compt
Tant qu'il n'ait plus rien à donner.
Enfin chargés de noix, c'est sous l'Orme tranquille,
Que les enfans vont les manger ;
Et l'Orme dit en les voyant gruger :
C'est souvent un malheur que d'être trop utile.

## APOLLON, MERCURE ET LE BERGER.

L'HOMME est ingrat ; c'est son grand vice.
Comme une grâce il sollicite un bien ;
L'a-t-il reçu, ce n'est plus que justice :
On a bien fait, il n'en doit rien.

. . . . . . . . . . . .

L'obligeant Apollon et le malin Mercure
Un jour firent une gageure.
On m'adore pour ma bonté,
Disait l'un : moi pour ma malice,
Disait l'autre, et je suis le plus accrédité.
Faisons un peu l'essai de notre autorité :
Qui de nous obtiendra le premier sacrifice
Aura le pas sur l'autre. On conclut le traité.
Apollon voit alors un berger dans la plaine,
Qui du son de sa flûte éveillait les échos.
Il lui fait sous ses pas rencontrer une aubaine :
C'est une pierre où sont écrits ces mots :
*Ici gît un trésor qu'Apollon te décèle.*
Est-il possible, ô cieux ! s'écria le berger.

Il renverse la pierre, et la trouve fidèle.

Riche trésor. L'envisager,
Le tirer, le compter, ce ne fut qu'une affaire.
Il songe, en le comptant, à ce qu'il en peut faire.
Il achètera tout; terres, forêts, châteaux;
Rien de trop cher avec si grosse somme.
Adieu donc mes pauvres troupeaux,
Le bon Guillot n'est plus votre homme.
Tandis qu'ainsi le pâtre, ivre de son trésor,
Laisse égarer ses yeux et sa pensée,
Le dieu malin enlève l'or.
Il ne faut à ce dieu qu'un instant, moins encor;
Toute la somme est éclipsée.
L'œil de Guillot revient. Plus d'argent. Justes dieux!
Était-ce un songe? Non. Je veille; j'ai des yeux;
Voilà le trou, voilà la pierre renversée.
Il y voit en effet ces autres mots écrits:
*Apollon le donne, et Mercure l'a pris.*
Ciel! Mercure l'a pris! O disgrâce mortelle!
Voilà bon Guillot à genoux.
Prenez pitié de moi, Mercure, calmez-vous;
Je vais vous immoler ma brebis la plus belle.
Il le dit, il le fait; et les larmes aux yeux,
Allume le bûcher, y met la pauvre bête.

Mercure en rit du haut des cieux,
Et sans songer à signer sa requête,
S'écria : j'ai gagné. Qu'il nous connaissait bien!
Intérêt obtient tout : reconnaissance rien.

# LE FROMAGE.

Deux chats avaient pris un Fromage,
Et tous deux à l'aubaine avaient un droit égal.
Dispute entre eux pour le partage.
Qui le fera? Nul n'est assez loyal.
Beaucoup de gourmandise et peu de conscience ;
Témoin leur propre fait, le fromage est volé.
Ils veulent donc qu'à l'audience,
Dame justice entre eux vide le démêlé.
Un singe, maître clerc du bailli du village,
Et que pour lui-même on prenait,
Quand il mettait parfois sa robe et son bonnet,
Parut à nos deux chats tout un aréopage ;
Par-devant don Bertrand le Fromage est porté :
Bertrand s'assied, prend la balance,
Tousse, crache, impose silence,

Fait deux parts avec gravité ;
En charge les bassins : puis cherchant l'équilibre,
Pesons, dit-il, d'un esprit libre,
D'une main circonspecte ; et vive l'équité :
Çà, celle-ci me paraît trop pesante.
Il en mange un morceau. L'autre pèse à son tour ;
Nouveau morceau mangé par raison du plus lourd.
Un des bassins n'a plus qu'une légère pente.
Bon ! nous voilà contens, donnez, disent les chats.
Si vous êtes contens, justice ne l'est pas,
Leur dit Bertrand ; race ignorante,
Croyez-vous donc qu'on se contente
De passer, comme vous, les choses au gros sas ?
Et ce disant, monseigneur se tourmente
A manger toujours l'excédent ;
Par équité toujours donne son coup de dent :
De scrupule en scrupule avançait le Fromage.
Nos plaideurs enfin las des frais,
Veulent le reste sans partage.
Tout beau, leur dit Bertrand, soyez hors de procès ;
Mais le reste, messieurs, m'appartient comme épice.
A nous autres aussi nous nous devons justice,
Allez en paix, et rendez grâce aux dieux.
Le bailli n'eût pas jugé mieux.

## MERCURE ET LES OMBRES.

Mercure conduisait quatre ombres aux enfers.
    Comptons-les : une jeune fille,
    *Item* un père de famille,
Plus un héros, enfin un grand faiseur de vers.
Allant de compagnie au gré du caducée,
    Ils s'entretenaient en chemin.
Hélas ! dit l'ombre fille, en pleurant son destin,
Que l'on me plaint là haut ! Je lis dans la pensée
    De mon amant ; il mourra de chagrin.
Il me l'a dit cent fois, du ton qui se fait croire,
Que loin de moi le jour ne lui serait de rien.
Quel amour ! chaque instant en serait le lien.
M'aimer, me plaire, étaient son plaisir et sa gloire.
    S'il ne meurt, je me promets bien
    De revivre dans sa mémoire.
Pour moi, dit l'ombre père, il me reste là-haut
    Des enfans bien nés, une femme ;
    Ils m'aimaient tous du meilleur de leur âme.
Je suis sûr qu'à présent on pleure comme il faut :
Ils me regretteront long-temps sur ma parole ;

Les pauvres gens ! que le ciel les console.
L'ombre héros disait : Eh ! qu'êtes-vous vraiment,
Près d'un mort comme moi par cent combats célèbre?
    Je m'assure qu'en ce moment
Les cris des peuples font mon oraison funèbre.
Mon nom ne mourra point ; du Gange jusqu'à l'Èbre,
D'âge en âge il ira semer l'étonnement :
    Croirai-je que quelqu'autre espère
De vivre autant que moi ? Moi, dit le fier rimeur.
    Qu'est-ce qu'Achille auprès d'Homère?
On me lira partout, on m'apprendra par cœur.
Dieu sait comme à présent le monde me regrette !
Vous vous trompez, héros, père, amante, poète;
    Leur dit le dieu. Toi, la belle aux doux yeux,
Ton amant consolé près d'une autre s'engage.
Toi, père, tes enfans, chiffrant à qui mieux mieux,
Calculent tous tes biens, travaillent au partage,
Ta femme les chicane, et de toi, pas un mot :
    Chacun ne songe qu'à son lot.
    Quant à toi, général d'armée,
    On a nommé ton successeur.
C'est le héros du jour ; déjà la renommée
Le met bien au-dessus de son prédécesseur.
Et vous, monsieur l'auteur, qui ne pouviez comprendre

Que de vous on pût se passer,
La Mort, disent-ils tous, a bien fait de vous prendre,
Vous commenciez fort à baisser.

Ces Ombres se trompaient, nous faisons même faute,
Aux morts comme aux absens nul ne prend intérêt.
Nous laissons en mourant le monde comme il est.
Compter sur des regrets, c'est compter sans son hôte.

## L'HOMME ET LA SIRÈNE.

Ne vous y trompez pas, toute chose a deux faces,
Moitié défaut, et moitié grâces.
Que cet objet est beau ! Vous en êtes tenté.
Qu'il sera laid, s'il devient vôtre !
Ce qu'on souhaite est vu du bon côté ;
Ce qu'on possède est vu de l'autre.

D'une Sirène un homme était amoureux fou.
Il venait sans cesse au rivage
Offrir à sa Vénus le plus ardent hommage ;
Se tenait là, soupirait tout son sou.

La nuit l'en arrachait à peine :
Les soucis avaient pris la place du sommeil,
Et la nuit se passait à presser le soleil
  De revenir lui montrer sa Sirène.
 Quels yeux! quels traits! et quel corps fait au tour!
 S'écriait-il : quelle voix ravissante !
Le ciel n'enferme pas de beauté si touchante.
  Il languit, sèche, meurt d'amour.
Neptune en eut pitié : çà, lui dit-il un jour,
La Sirène est à toi ; je l'accorde à ta flamme.
L'hymen se fait ; il est au comble de ses vœux :
Mais dès le lendemain le pauvre malheureux
  Trouve un monstre au lieu d'une femme.
Pauvre homme! autant l'avaient travaillé ses transports,
  Autant le dégoût le travaille ;
Le désirant ne vit que la tête et le corps.
Le jouissant ne vit que la queue et l'écaille.

---

# LES GRILLONS.

Deux Grillons, bourgeois d'une ville,
 Avaient élu pour domicile
D'un magistrat le spacieux palais.

Hôtes du même lieu sans pourtant se connaître,
L'un logeait en seigneur au cabinet du maître,
L'autre dans l'antichambre habitait en laquais.
Un jour Jasmin Grillon sort de sa cheminée,
Trotte de chambre en chambre ; et faisant sa tournée,
Arrive au cabinet, entend l'autre Grillon.
Bonjour, frère, dit-il. Bonjour, répondit l'autre.
  Votre serviteur. Moi le vôtre.
Mettez-vous là, dit l'un. L'autre point de façon :
Traitez-moi comme ami ; je suis dans la maison.
Je vis dans l'antichambre, où de mainte partie
  Monseigneur reçoit les placets.
  Qu'il est sage et qu'il m'édifie !
Désintéressement, équité, modestie,
Il a tout : c'est plaisir que d'avoir des procès.
Bon droit avec tel juge est bien sûr du succès.
Tu te trompes, l'ami ; ce n'est pas là mon maître,
Dit messire Grillon. Je le connais bien mieux :
Toi, tu le prends là-bas pour ce qu'il veut paraître ;
Ici je le vois tel que le sort l'a fait naître.
Pour les riches, des mains ; pour les belles, des yeux ;
Pour les puissans, égards et tours officieux ;
  Voilà tout le code du traître.
N'en sois donc plus la dupe : et laisse le commun

S'abuser à la mascarade.
Ne confondons rien, camarade :
Destinguons deux hommes en un ;
L'homme secret, et l'homme de parade.

# LA MONTRE ET LE CADRAN SOLAIRE.

Un jour la Montre au Cadran insultait,
　　Demandant quelle heure il était.
　Je n'en sais rien, dit le greffier solaire.
Eh ! que fais-tu donc là, si tu n'en sais pas plus ?
J'attends, répondit-il, que le soleil m'éclaire ;
　　Je ne sais rien que par Phébus.
　Attends-le donc ; moi je n'en ai que faire,
Dit la montre : sans lui je vais toujours mon train.
　　Tout les huit jours un tour de main,
C'est autant qu'il m'en faut pour toute la semaine.
Je chemine sans cesse, et ce n'est point en vain,
Que mon aiguille en ce rond se promène.
Écoute, voilà l'heure. Elle sonne à l'instant.
Une, deux, trois et quatre. Il en est tout autant,

Dit-elle : mais tandis que la montre décide,
    Phébus, de ses ardens regards,
    Chassant nuages et brouillards,
Regarde le Cadran qui, fidèle à son guide,
    Marque quatre heures et trois quarts.
    Mon enfant, dit-il à l'Horloge,
    Va-t-en te faire remonter,
    Tu te vantes sans hésiter
    De répondre à qui t'interroge :
Mais qui t'en croit peut bien se mécompter.
Je te conseillerai de suivre mon usage.
Si je ne vois bien clair, je dis : Je n'en sais rien.
    Je parle peu, mais je dis bien.
    C'est le caractère du sage.

## LES GRENOUILLES ET LES ENFANS.

    Y pensez-vous, messieurs les princes ?
Vous vous piquez de nobles sentimens :
Vous voulez batailler, conquérir des provinces :
    Ce sont là vos amusemens.
    Mais savez-vous bien que nous sommes

Les victimes de ces beaux jeux ?
Bon, il n'en coûte que des hommes,
Dites-vous. N'est-ce rien ? Vous comptez bien les sommes;
Mais pour les jours des malheureux,
C'est zéro. Belle arithmétique
Qu'introduit votre politique !

Des Grenouilles vivaient en paix,
Barbotant, coassant au gré de leur envie
Une troupe d'Enfans sur les bords du marais,
Vint troubler cette douce vie.
Çà, dit l'un d'eux, j'imagine entre nous
Un jeu plaisant, une innocente guerre.
Qui lancera plus loin sa pierre,
Sera notre roi. Tope. Ils y consentent tous.
Pierres volent soudain. Chacun veut la victoire.
L'Enfant n'est-il pas homme ? Il aime aussi la gloire.
Bientôt tout le marais est couvert de cailloux,
Et Grenouilles pour fuir n'ont pas assez de trous.
L'une a dans le moment l'épaule fracassée ;
L'autre se plaint d'une côte enfoncée ;
Celle-ci, comme eût dit le chantre d'Ilion,
Reçoit une contusion
Dans l'endroit où le col se joint à la poitrine;

Celle-là meurt d'un grand coup sur l'échine.
Enfin la plus brave de là
Lève la tête, et dit : Messieurs, holà ;
De grâce allez plus loin contenter votre envie :[1]
Choisissez-vous un maître à quelque jeu plus doux.
Ceci n'est pas un jeu pour nous,
Vos plaisirs nous coûtent la vie.

Rois, serons-nous toujours des Grenouilles pour vous.

## LE CASTOR ET LE BOEUF.

Nos seigneurs les Castors tenant le Canada,
Se piquent d'être un peuple libre,
Tel que le fut au bord du Tibre,
Ce peuple conquérant que Romulus fonda.
Un de ces messieurs amphibies,
Par certain Bœuf un jour fut traité de grossier.
Grossier, mon ami, tu t'oublies,
Dit le Castor : mais sans t'injurier,
Raisonne un peu. Sur quoi fondes-tu ton reproche ?
Et quelle est, à ton sens, notre grossièreté ?

C'est, dit le Bœuf, que vous fuyez l'approche
De l'homme, vrai docteur de la civilité.
Entre vous nuls traités? aucunes alliances :
C'est pourtant l'animal favori des sciences.
Les autres animaux ( les plus sages s'entend ),
  Chez lui vont prendre leurs licences.
  Il en sait plus que nous ; pourtant,
  Vivre avec lui, c'est se polir d'autant.
Il est vrai que de vous on compte des merveilles,
  Et tous les jours à mes oreilles
On en dit tant, que je n'y conçois rien.
Ils disent tous que vous bâtissez bien;
Que c'est plaisir de voir votre petit ménage,
  Et vos maisons à triple étage.
Par vous, digue, chaussée, ont toutes leurs façons :
Vous portez terre et bois partout où bon vous semble :
  Vous êtes, dit-on, tout ensemble
  Les civières et les maçons.
Mais que sert tout cela, malgré tant d'ouvertures
  On ne peut vous civiliser.
L'homme qui vient à bout des têtes les plus dures,
Dit qu'il perd son latin à vous apprivoiser.
  La voilà donc notre rudesse?
Dit le Castor. C'était mon sens,

Reprit le Bœuf. Apprends que c'est sagesse,
Dit le républicain. Comment sans cette adresse,
    Pourrions-nous vivre indépendans ?
    Si nous faisions comme vous autres,
Et qu'avec l'homme un jour nous fussions familiers,
Il nous ferait servir en valets d'ateliers,
    A bâtir ses toits, non les nôtres.
Eh! qui ne connaît pas vos jougs et vos colliers ?
   Nous prévoyons nos malheurs par les vôtres.

Ne point s'apprivoiser avec gens trop puissans,
    N'est grossièreté, c'est bon sens.

## LES DEUX SOURCES.

   Filles d'une même montagne,
   Deux sources commençaient leur cours.
L'une, à flots résonnans tombait dans la campagne ;
L'autre, plus lentement roulait des flots plus sourds.
   Ma sœur, dit la source bruyante,
   De ce train-là tu n'iras pas bien loin :
Tu vas tarir dans peu, tandis que triomphante,

Entre les fleuves moi je vais tenir mon coin.
    A trois cents pas d'ici je gage
    Que déjà je porte bateau ;
Puis étendant mon lit, reculant mon rivage,
    Je veux qu'au loin sur mon passage,
    Il ne soit bruit que de mon eau.
Je vais par le commerce appeler la Fortune
    Dans tous les lieux de mon département ;
        Et puis majestueusement
    J'irai porter mon tribut à Neptune.
        Adieu : pour remplir mon destin,
        Il faut un peu de diligence.
Pour toi, tu ne seras qu'un ruisseau clandestin :
        Adieu, ma sœur, prends patience.
L'autre ne sait répondre à ce discours hautain,
        Que d'aller doucement son train.
Elle s'ouvre un chemin, descend dans les prairies,
Appelle dans son lit mille petits ruisseaux
    Qui serpentaient sur les rives fleuries ;
Et poursuivant son cours, elle en grossit ses eaux.
La voilà parvenue aux honneurs des rivières ;
Elle a des mariniers, se voit déjà des ponts ;
        Nourrit un peuple de poissons,
Abreuve de ses eaux les campagnes entières :

Puis des rivières même enflant encor son cours,
La voilà fleuve enfin à force de secours.
    Tandis que la source orgueilleuse,
Qui sans aide croyait suffire à sa grandeur,
Demeurant un ruisseau, se trouva trop heureuse
De se jeter enfin dans les bras de sa sœur.

En vain le sot orgueil s'applaudit et s'admire :
N'attendez rien de grand de qui croit se suffire.

---

## LES MOUCHES ET LES ÉLÉPHANS.

    En présence étaient deux armées,
Qui d'un courage égal toutes deux animées,
Différaient seulement de force et de secours.
Un long rang d'Éléphans, qui sur les hautes tours,
De soldats bons archers portait mainte cohorte,
    Servait à l'une de rempart.
L'autre armée est plus faible et n'a contre la forte
    Que bon courage pour sa part.
L'instant fatal arrive, on a sonné la charge :
    Les Éléphans de se mouvoir,

Et les traits mortels de pleuvoir.
Quelque temps on tient ferme ; et puis on prend le large,
Partout devant les tours les escadrons pliaient.
La victoire déjà de son aile divine
  Couvrait la troupe éléphantine,
Et les monstres vainqueurs jusqu'au ciel envoyaient
Mille cris dont au loin les échos s'effrayaient.
  Par bonheur un essaim de Mouches
Eut pitié des vaincus, prit en aversion
  Les Éléphans et leurs clameurs farouches.
Çà, punissons un peu cette ostentation,
Dirent-elles. Fondons sur ces superbes masses,
  Et que l'on parle aussi de nous.
  Ce ne fut pas vaines menaces ;
Et sur les Éléphans nos piqueurs fondent tous.
  Il n'est peau si dure qui tienne ;
Le fût-elle encor plus : Messieurs vous en aurez,
  Bourdonnent-ils, vous apprendrez
A qui le destin veut que la gloire appartienne.
  Soudain de leurs traits acérés,
Ils blessent coup sur coup les yeux de nos colosses :
Dans l'une ou l'autre oreille ou dans la trompe entrés,
Ils les harcellent tant, que devenus féroces,
  Les Éléphans désespérés

Retournent en arrière, en foule se renversent
   Sur le parti qu'ils troublent, qu'ils dispersent.
Par l'effroi des vainqueurs les vaincus rassurés
Reviennent au combat, la valeur tourne en rage,
Ils frappent, percent tout, ce n'est plus qu'un carnage :
Ils font litière enfin d'ennemis massacrés.
Un florissant empire ainsi changea de face,
Le roi fut dépouillé, l'étranger eut sa place.
   Sur cette révolution
L'histoire a débité maintes raisons subtiles.
   Les vaincus étaient mal habiles,
Ils ne firent pas bien leur disposition.
   Le vainqueur prudent comme Ulysse
Dans l'armée ennemie avait des gens à soi,
C'est de ces gens que vint le désordre et l'effroi,
Et cent contes pareils que dame histoire glisse.
Et qu'on croit cependant comme article de foi.
   Des Mouches, pas un mot. Pourquoi ?

Aux grands événemens il faut de grandes causes :
   Voilà son système, fort bien ;
   Mais qui saurait au vrai les choses,
   Verrait souvent que ce n'est rien,

## LA BREBIS ET LE BUISSON.

Quelques-uns veulent que la Fable
Soit courte : ils ont raison ; mais l'excès n'en vaut rien,
Qui dit trop peu, ne dit pas bien.
L'aride n'est point agréable.

Une Brebis choisit, pour éviter l'orage,
Un Buisson épineux qui lui tendait les bras.
La Brebis ne se mouilla pas :
Mais sa laine y resta. La trouvez-vous bien sage ?

Plaideur, commente ici mon sens.
Tu cours aux tribunaux pour rien, pour peu de chose.
Du temps, des faits, des soins : puis tu gagnes ta cause.
Le gain valait-il les dépens ?

## PLUTON ET PROSERPINE.

Dès que l'ardent Pluton eut ravi Proserpine,
  Cérès en jeta les hauts cris.
Pour s'en plaindre elle vole aux célestes lambris :
Jupin, souffriras-tu que Pluton m'assassine ?
Je perds ma fille : hélas ! si ce bien m'est ôté,
Ote-moi donc aussi mon immortalité.
  Votre affaire est embarrassante,
  Répondit Jupin à Cérès ;
Ce cadet-là n'a pas l'humeur accommodante ;
Il tient bien ce qu'il tient, mais calmez vos regrets ;
 Afin d'avoir la paix dans ma famille,
J'imagine un traité que le sort scellera.
Que six mois de l'année il garde votre fille,
Et les autres six mois pour vous elle vivra.
  Voilà mon arrêt. Toi, Mercure,
  Va le porter au dieu des morts.
L'huissier céleste part, arrive aux sombres bords,
Instruit Pluton. L'arrêt excite son murmure.
Quoi ! mon frère, dit-il, attente à mes désirs !
 Prétend-il donc me tailler mes plaisirs ?

Nous lui laissons ses biens, qu'il nous laisse les nôtres.
Je n'aurais que six mois cette chère beauté !
 Eh ! comment vivre les six autres ?
Est-ce pour l'adorer, trop de l'éternité ?
 Vous êtes à plaindre sans doute,
 Lui dit Mercure en reprenant sa route ;
Mais c'est l'ordre du sort, tel qu'il est, le voilà,
 Il faut bien en passer par-là.
 Proserpine est donc épousée.
Grande fête aux enfers, tout supplice y cessa :
 On dit qu'ainsi que l'Élisée,
 Tout le Tartare à la noce dansa.
Au bout de quinze jours Pluton dit à sa femme :
 On va vous ravir à ma flamme·
Enfin le terme approche où vous m'allez quitter.
 Ici nous ne pouvons compter
Ni les jours ni les mois : nos astres immobiles
 Ne sauraient mesurer le temps :
Mais je sens bien, depuis que mes vœux sont tranquilles,
 Qu'il s'est passé bien des instans.
On va nous séparer : ô regrets inutiles !
( Le terme est loin pourtant, il fallait deux saisons. )
Autre quinzaine passe ; et Pluton s'en étonne.
Quoi ! dit-il en bâillant, six mois sont donc bien longs !

Autre mois passe encore. Alors le dieu soupçonne,
Que Jupiter le trompe, et qu'enfreignant ses lois,
Il ne veut pas tenir la clause de six mois.
Il s'en plaint, mais sa plainte eut beau se faire entendre,
Avec sa Proserpine il lui fallut attendre
    Qu'il plût au terme d'arriver.
    Quand Mercure vint la reprendre,
    Notre époux sentit à la rendre
    Plus de plaisir qu'à l'enlever.

Dans un bien souhaité quels charmes on suppose !
    Vient-on à jouir de ce bien ?
Tous les jours il décroît, perd toujours quelque chose:
    Il devient mal en moins de rien.

---

## LE CONQUÉRANT ET LA PAUVRE FEMME.

Rois, vous aimez la gloire, elle est faite pour vous.
    Il ne s'agit que de la bien connaître :
      Soyez ce que vous devez être ;
Elle va vous offrir ce qu'elle a de plus doux.

Mais que devez-vous être? et qu'est-ce qu'un monarque?
C'est plutôt un pasteur qu'un maître du troupeau,
   C'est le nocher qui gouverne la barque,
     Non le possesseur du vaisseau.
Votre empire s'étend du couchant à l'aurore,
     Cent peuples suivent votre loi :
     Vous n'êtes que puissant encore,
     Gouvernez bien, vous voilà roi.
     Le fameux vainqueur de l'Asie
N'était pas roi, c'était un voyageur armé,
     Qui pour passer sa fantaisie,
Voulut voir en courant l'univers alarmé.
De bonne heure Aristote aurait dû le convaincre,
Qu'au bien de ses états un roi doit se donner.
     Il perdit tout son temps à vaincre
     Et n'en eut pas pour gouverner.

   . . . . . . . . . .

   Certain Sophi tenant Bellone à son service,
     Conquérant de profession,
     Bon homme pourtant, et sans vice
     ( Exceptez-en l'ambition,
     Si ç'en est un; qu'on le demande
A messieurs les héros; ils n'en conviendront point;

C'est la marque d'une âme grande.
Point de bruit avec eux et passons-leur ce point. )
Le monarque Persan de conquête en conquête,
  Voyait tous ses voisins domptés ;
  Vingt couronnes ceignaient sa tête,
Et sous ses lois coulaient cent fleuves bien comptés.
  Il usait bien de ses victoires,
Et voulait que partout la justice fleurît.
Il écoutait les gens, il lisait leurs mémoires ;
L'innocent triomphait, l'injuste était proscrit.
  Sur cette bonne renommée,
  Des bornes de son vaste état,
  Une vieille Femme opprimée
Vint apporter sa plainte aux pieds du potentat,
  Sire, par le droit de la guerre,
Ma fille et moi nous sommes vos vassaux ;
On l'a déshonorée, on a pillé ma terre :
 Sous un bon roi doit-on souffrir ces maux ?
  C'est vous, Sire, que je réclame.
  Que je vous plains, ma pauvre Femme !
Dit le prince : je veille à maintenir les lois ;
  Mais de si loin que puis-je faire ?
Puis-je songer à tous ? l'astre qui nous éclaire,
  Éclaire-t-il tout le monde à la fois ?

Il n'est pas étonnant que si loin de mon trône,
  Mes bons ordres soient mal suivis.
Eh! pourquoi donc : seigneur, répondit la matrone,
Ne pouvant nous régir, nous avez-vous conquis?

## L'ESTOMAC.

Jadis un estomac de gourmande mémoire,
  Et pour qui, je crois, le premier
 Fut inventé l'art de manger et boire,
Plus que ne veut besoin notre vrai cuisinier,
Notre vrai médecin, si nous savions l'en croire :
Cet Estomac était amoureux du ragoût,
De potages farcis et de fines entrées,
De piquans entremets, sophistiques denrées,
Qui font à l'appétit survivre encor le goût.
L'insatiable donc s'en donnant au cœur joie,
  Ne disait jamais c'est assez ;
 Tant bien que mal il digérait sa proie.
  Puis sans rien dire il vous envoie
Mauvais chyle, et de-là se forme mauvais sang,
Sang qui bientôt du corps rend toutes les parties

Languissantes, appesanties :
Toutes s'en trouvaient mal ; chacune avait son rang.
Tantôt c'était bons maux de tête ;
Tantôt colique, ou bien douleur de reins :
Poitrine embarrassée, ou rhumatisme en quête
De l'une ou l'autre épaule ; et pour combler la fête,
Dame goutte entreprend et les pieds et les mains.
Qu'est ceci, dit l'homme malade ?
Qui cause tout cela ? Ce n'est pas moi du moins,
Dit l'estomac ; je vous rends bien mes soins,
Et ne vous fais point d'incartade.
Vous fais-je mal ? tâtez ; faut-il d'autres témoins ?
La poitrine ma camarade,
N'est pas si fidèle que moi.
La tête rêve trop : le pied, de bonne foi,
Ne fait pas assez d'exercice.
Le calomniateur donne à chacun son vice ;
On n'est bien servi que de lui.
Le malade le crut : ainsi ce fut autrui
Que l'on punit des fautes du perfide.
Topiques aux endroits où la douleur réside ;
Puis bistouris en danse : enfin la fièvre prend.
Tout le corps y succombe, et le voilà mourant.
C'est fait, pauvre Estomac, dites vos patenôtres ;

Les médecins par les règles de l'art,
Des membres et de vous ont conclu le départ.
Nous avons beau jeter nos fautes sur les autres,
　　Nous en pâtissons tôt ou tard.

## L'AMOUR ET LA MORT.

　　Loin, lecteurs dont la critique
　　　Souffle le chaud et le froid,
Qui répandez partout une bile caustique,
　　Sans distinguer ni le tort ni le droit.
Toute perfection chez vous s'appelle vice.
　　Est-on sublime? on est guindé.
Est-on simple? on est bas. Tout art est artifice,
　　Et tout ce qui plaît est fardé.

. . . . . . . . . .

Je voudrais qu'en mes vers tout âge pût apprendre;
　　J'imagine et j'écris pour tous.
Laissez à vos enfans ce qu'ils en pourront prendre,
　　Et gardez le reste pour vous.

La Mort fille du Temps, et l'enfant de Paphos,

Jadis, comme aujourd'hui, voyageaient par le monde.
Tous deux l'arc à la main, le carquois sur le dos,
   Ils faisaient ensemble leur ronde.
   Jupiter voulait que l'Amour,
Blessant les jeunes cœurs, mît des humains au jour,
Et que la mort frappant la vieillesse imbécile,
Délivrât l'univers d'une charge inutile.
   C'était là l'ordre; et tout devait aller
   Selon ce plan que semble exiger l'âge.
Clotho, disait l'Amour, aura de quoi filer;
   Nous lui taillerons de l'ouvrage.
Et moi, disait la Mort, je m'en vais occuper
   Sa sœur Atropos à couper.
Qu'elle ait de bons ciseaux; pour moi, j'ai bon courage.
   Nos voyageurs au coin d'un bois,
Se reposant un jour fatigués du voyage,
   Ils mettent bas et l'arc et le carquois,
   Confondent tout leur équipage,
Et quand il faut partir le reprennent sans choix.
De l'enfant le squelette avait pris maintes flèches :
L'Amour parmi ses traits mêla ceux de la Mort.
L'une au cœur des vieillards fit d'amoureuses brèches:
L'autre des jeunes gens alla trancher le sort.
   Jupiter rit de la méprise,

Et n'y mit de remède en rien :
Il pensa que de leur sottise
Il pouvait naître quelque bien.
Si notre espèce en effet était sage,
Depuis ce troc nous craindrions,
Malgré la force ou la langueur de l'âge,
Et la mort et les passions.
Sans ce danger que je soutiens propice,
Dans la vigueur des ans, ou bien sur leur déclin,
Le vice n'aurait point de frein,
Et la vertu point d'exercice.

## LE ROI DES ANIMAUX.

Lassés de vivre en république,
Jadis les animaux essayèrent d'un roi :
Ils firent choix d'un bœuf surnommé pacifique :
On se promit d'être heureux sous sa loi.
Le monarque nouveau, doux, bienfaisant, affable,
Se fit aimer ; mais ce fut tout.
Il ne savait que plaindre un misérable :
Fallait-il punir un coupable,

Tout son pouvoir était à bout.
Mille petits tyrans désolaient sa province :
Les tigres, les lions enlevaient ses sujets :
Qu'y fesait-il? il leur prêchait la paix :
C'était pitié qu'un si bon prince.
Bienfaits tant qu'on voulait ; point de punition :
Partout indulgences plénières.
On le dépose enfin pour choisir le lion :
Le nom de conquérant suit cette élection.
Bientôt le nouveau roi recule ses frontières,
Soumet tous ses voisins à son ambition,
Fait trembler ses sujets ; plus de rébellion,
Mais aussi point d'amour : il n'inspirait que crainte.
Sa majesté cruelle et de sang toujours teinte ;
Effrayait jusqu'à ses flatteurs :
Sur un soupçon, sur une plainte,
Malheur aux accusés, même aux accusateurs.
Qu'est ceci, dit le peuple? et quel choix est le nôtre?
La diète a bien mal réussi :
De deux rois, pas un bon ; nous ne craignons point l'autre ;
Le moyen d'aimer celui-ci?
Il ne connaît d'autres lois que sa rage.
Enfin désespéré d'un si dur esclavage,
Sur le Néron des bois tout le peuple courut.

Imaginez-vous le carnage :
Il en coûta du sang ; mais le tyran mourut.
Alors, ce bœuf si débonnaire,
Qu'on avait déposé sans qu'il en dît un mot :
Messieurs, dit-il, j'ai trouvé votre affaire ;
Cet éléphant est votre vrai ballot.
Il est bon comme moi, terrible comme l'autre :
Vous serez ses enfans ; il vous défendra bien.
Je lui donne ma voix, joignez-y tous la vôtre :
Pour vous régir, que lui manque-t-il ? Rien,
S'écria tout le peuple. On le choisit : son règne
Répara les malheurs passés.
Rois, qu'on vous aime et qu'on vous craigne :
L'un sans l'autre n'est pas assez.

## LE PORTRAIT.

Le monde est plein de faux censeurs.
Qu'on leur montre une bonne piéce,
Leur ignorante hardiesse
De son autorité la renvoie aux farceurs.
Ils n'y trouvent ni goût, ni force, ni justesse ;

C'est ceci, cela qui les blesse ;
Blâmant, proscrivant tout, et de par les Neuf-Sœurs.
Eh ! Messieurs, c'est orgueil, et non délicatesse,
Vous n'êtes qu'ignorans, soi-disant connaisseurs.

De se faire tirer certain homme eut envie.
Chacun veut être peint une fois en sa vie.
  L'amour-propre, de son métier,
Est ami des portraits : cet art qui nous copie,
  Semble aussi nous multiplier.
Ce n'est pas là notre unique folie.
Le Portrait achevé, notre homme veut avoir
L'avis de ses amis, gens experts en peinture :
  Regardez ; il s'agit de voir
Si je suis attrapé, si c'est là ma figure.
  Bon, dit l'un, on vous a fait noir :
Vous êtes blanc. Cette bouche grimace,
Dit un autre. Ce nez n'est pas bien à sa place,
  Reprend un tiers. Je voudrais bien savoir
Si vous avez les yeux si petits et si sombres ?
Et puis, en vérité, que servent là ces ombres ?
Ce n'est point vous enfin ; il faut tout retoucher.
Le peintre en vain s'écrie ; il a beau se fâcher ;
  Sur cet arrêt il faut qu'il recommence.

Il travaille, fait mieux, réussit à son choix,
   Et gagerait tout son bien cette fois
     Pour la parfaite ressemblance.
   Les connaisseurs assemblés de nouveau,
     Condamnent encor tout l'ouvrage.
    On vous allonge le visage,
On vous creuse la joue, on vous ride la peau :
  Vous êtes là laid et sexagénaire ;
Et flatterie à part, vous êtes jeune et beau.
Eh bien, leur dit le peintre, il faut encor refaire ;
   Je m'engage à vous satisfaire,
   Ou j'y brûlerai mon pinceau.
Les connaisseurs partis, le peintre dit à l'homme :
Vos amis, de leur nom s'il faut que je les nomme,
   Ne sont que de francs ignorans,
Et si vous le voulez, demain je les y prends.
D'un semblable tableau je laisserai la tête,
  Vous mettrez la vôtre en son lieu.
Qu'ils reviennent demain, l'affaire sera prête.
J'y consens, dit notre homme : à demain donc ; adieu.
La troupe des experts le lendemain s'assemble :
Le peintre leur montrant le portrait d'un peu loin,
Cela vous plait-il mieux ? dites : que vous en semble ?
Du moins j'ai retouché la tête avec grand soin.

Pourquoi nous rappeler, dirent-ils ? quel besoin
  De nous montrer encore cette ébauche ?
    S'il faut parler de bonne foi,
Ce n'est point du tout lui, vous l'avez pris à gauche.
Vous vous trompez, messieurs, dit la tête, c'est moi.

---

# PANDORE.

Vulcain trois fois banni du céleste Serdeau,
Voulut à sa façon faire une créature.
D'abord en employant la forge et le marteau,
Il imita du corps la secrète structure.
Puis en fit les dehors ; et son adroit ciseau
    Tailla, polit, acheva la figure.
    Jupiter dit : L'ouvrage est beau,
  Certes mon fils entend bien la sculpture :
D'humains il ferait presque une manufacture.
    Mais après tout, ce n'est qu'un corps,
   Qu'une statue, il y faut joindre une ame
    Qui de l'ouvrage anime les ressorts.
Il dit : L'airain respire, et la statue est femme.
Tout habitant du ciel voulut lui faire un don.

Jugez quel fut son apanage :
Rien ne manquait à son ménage ;
De graces et de ris on lui fit sa maison.
Chaque dieu la dota d'un nouvel avantage,
De charmes, de talens, d'adresse, de courage ;
Et de là Pandore est son nom ;
C'est-à-dire tout don. O le bel assemblage !
Mais le dieu sournois de là-bas,
Pluton, s'en vint offrir une boîte à Pandore :
Tenez, dit-il, voici bien mieux encore :
C'est le plus grand trésor, si vous ne l'ouvrez pas.
La belle à ce discours trouva quelque embarras.
Elle était femme, et partant curieuse.
L'œil toujours sur la boîte, on la voit soucieuse ;
Ne point l'ouvrir, dit-elle ! on se moque de moi :
Plaisant trésor ? de qui la jouissance
Est de n'en point user. Je m'y perds, plus j'y pense,
C'est une énigme. Oh ! par ma foi,
J'en aurai le cœur net. Il faut voir. Elle l'ouvre.
Dieux ! qu'en sort-il ? Qu'est-ce qu'elle découvre ?
Quels maux affreux s'échappèrent de là !
La douleur et la mort : pis encore que cela,
Des vices odieux l'engeance tout entière
Se produisit à la lumière.

Or je demande : En quel rang mettrons-nous
La curiosité qui fut mère de tous ?
A ce fait ancien joignons un peu du nôtre.
Je ne puis me guérir de l'émulation.

Cette fable en enfante une autre :
C'était mon avant-scène, et voici l'action.

Nous voilà, se dirent les vices :
Mais que deviendrons-nous ? songeons à nous loger.
Moi, dit l'ambition, je n'ai point à songer :

Des grands je ferai les délices,
Et de ce pas je m'y vais héberger.
La cour des rois sera mon gîte.

Et moi, dit l'intérêt, je m'en vais au plus vite
Chez les négocians, et messieurs les commis ;

J'y ferai bientôt des amis.
Je veux leur enseigner à se tracer sur l'onde
Aux plus lointains climats mille chemins nouveaux :

Je veux que sur de bons vaisseaux
Ils me promènent par le monde.
Je verrai le pays. La débauche à son tour,
Dans la maison du riche établit son séjour.

Là, de rien elle n'aura faute ;
Goûtant de plus d'un vin et de plus d'un amour,
Elle va régner chez son hôte.

L'hypocrisie alors se logeait encor mieux :
Ces gens au doux parler, au saint baissement d'yeux,
  Pour elle ont des chambres garnies :
 Elle sera dans le temple des dieux
  Maîtresse des cérémonies.
Quant à la jalousie, où sera son quartier ?
  Peut-elle manquer de retraites ?
  Ne fût-il dans le monde entier
  Que deux belles ou deux poëtes.
Ainsi de se loger tout vice vint à bout.
La vanité pourtant paraissait sans domaine.
Et toi, lui dit quelqu'un ? N'en soyez point en peine :
Moi, dit-elle, messieurs, je logerai partout.

## LE CHAT ET LA SOURIS.

 Finette, gentille Souris,
Avait un jour donné dans une souricière :
Pour un morceau de lard, la voilà prisonnière :
  Parfois les plus sages sont pris.
 Maître matou, que cette odeur attire,
  S'en vient flairer le trébuchet.
Il y voit la Souris et du lard à souhait :

Quel repas pour le maître sire !
Pour l'avoir, le rusé se met sur son beau dire.
Ma commère, dit-il, d'un ton de papelard,
　　Mettons bas la vieille rancune ;
C'est trop vivre ennemis, j'en suis las pour ma part :
　　Si comme moi la guerre t'importune,
　　Il ne tiendra qu'à toi que désormais
　　　Nous ne vivions en pleine paix.
Du meilleur de mon cœur, lui répondit Finette.
Quoi, tout de bon, dit l'un ? Oui, dit l'autre. Voyons,
Reprit le chat : pour faire alliance complette,
Ouvre-moi ton logis, que nous nous embrassions.
Volontiers ; vous n'avez qu'à lever une planche
　　　Qui ferme de ce côté.
　　Çà, dit le chat de bonne volonté,
　　Et qui déjà croit tenir dans sa manche
　　　Souris et lard tant convoité.
　　De ses deux griffes il attrape
Le long morceau de bois où la planche pendait.
Il se baisse, elle lève. Alors Finette échappe,
　　　Avec le lard qu'elle mordait.
Le chat court, mais trop tard ; et bien loin de son compte,
N'eut ni lard, ni souris, n'eut que sa courte honte.
　　Le prudent sait tirer son bien,

17.

Même de l'ennemi qui pense à le détruire.
Autre morale y vendrait aussi bien.
Tel nous sert en voulant nous nuire.

## LES DEUX LIVRES.

J'ai vu quelquefois un enfant
Pleurer d'être petit, en être inconsolable.
L'élevait-on sur une table,
Le marmot pensait être grand,
Tout homme est cet enfant. Les dignités, les places,
La noblesse, les biens, le luxe et la splendeur;
C'est la table du nain; ce sont autant d'échasses
Qu'il prend pour sa propre grandeur.
Je demande à ce grand qui me regarde à peine,
Et dont l'accueil même est dédain,
Qui peut fonder en lui cette fierté hautaine ?
Est-ce sa race, ou son sang, ou son train;
Mais quoi! de tes aïeux la mémoire honorable,
L'autorité de ton emploi,
Ton palais, tes meubles, ta table,
Tout cela, pauvre homme, est-ce toi ?

Rien moins; et puisqu'il faut qu'ici je t'apprécie,
    Un cœur bas, un esprit mal fait,
    Une ame de vice noircie,
  Te voilà nu, mais trait pour trait.
Du surplus ton orgueil te trompe, et nous surfait.
Il est quelques puissans que de leurs dons célestes
    Les dieux prennent plaisir d'orner :
L'orgueil à ceux-là seuls pourrait se pardonner;
    Mais ceux-là sont les seuls modestes.
    C'est un double exemple à donner.


    Côte à côte sur une planche,
  Deux Livres ensemble habitaient.
L'un neuf, en maroquin, et bien doré sur tranche,
L'autre en parchemin vieux que les vers grignotaient.
    Le Livre neuf, tout fier de sa parure,
    S'écriait : qu'on m'ôte d'ici;
    Mon dieu, qu'il put la moisissure !
Le moyen de durer auprès de ce gueux-ci?
    Voyez la belle contenance
  Qu'on me fait faire à côté du vilain !
    Est-il œil qui ne s'en offense?
Eh! de grâce, compère, un peu moins de dédain,
Lui dit le Livre vieux; chacun a son mérite,

Et peut-être qu'on vous vaut bien.
Si vous me connaissiez à fond... Je vous en quitte,
Dit le livre seigneur. Un moment d'entretien,
Reprend son camarade. Eh, non ; je n'entends rien.
    Souffrez du moins que je vous conte...
    Taisez-vous ; vous me faites honte.
    Holà, mons du libraire, holà,
  Pour votre honneur retirez-moi de là.
    Un marchand vient sur l'entrefaite,
Demande à voir des livres. Il en voit.
A l'aspect du bouquin, il l'admire, et l'achète.
C'était un auteur rare, un oracle du droit.
Au seul titre de l'autre, ô la mauvaise emplette !
    Dit le marchand, homme entendu.
    Que faites-vous de ce poète
  Extravagant ensemble et morfondu ?
    C'est bien du maroquin perdu.

Reconnaissez-les bien ; faut-il qu'on vous les nomme
    Ceux dont en ces vers il s'agit !
Du sage mal vêtu le grand seigneur rougit ;
    Et cependant l'un est un homme,
  L'autre n'est souvent qu'un habit.

## L'HOMME INSTRUIT DE SON DESTIN.

Un Homme avait un jour obtenu du Destin,
Que de son avenir il lui fît confidence.
  Au livre de la Providence,
Il lut donc tout son sort, son progrès et sa fin.
Parmi des menus faits, de grandes aventures
  Se déployèrent à ses yeux.
Il devait être roi, puissant et glorieux,
Et puis captif, et puis mourir dans les tortures.
Ces révolutions sont le plaisir des dieux.
  De tous ces objets quelle idée
Occupe désormais mon pauvre curieux ?
Sa mort le suit partout : son ame intimidée
  La souffre à toute heure, en tous lieux.
  Ce roi futur, que la frayeur consume,
    Se voit dans un affreux chagrin,
    Esclave comme Montézume,
    Grillé comme Guatimozin.
Ah! par pitié, grands dieux! ôtez-moi cette image
  S'écria-t-il. Ses vœux sont exaucés :
  Il ne voit plus la mort ni l'esclavage ;

Dans son esprit ce sont traits effacés.
Le voilà donc qui voit en perspective
   Ce sceptre absolu qui l'attend.
En est-il mieux ? le croyez-vous content ?
    L'impatience la plus vive
   Lui fait un siècle d'un instant.
Quelque faveur que le ciel lui déploie,
    Tout est insipide pour lui :
   Où les autres mourraient de joie,
   Ce roi futur sèche d'ennui.
Ciel! cria-t-il encor, retranchez les années
   Qui me séparent de mon bien :
   Hâtez mes grandes destinées,
   Hors de là je ne goûte rien.
Çà, dit le Sort, malgré ton imprudence,
   Je ferai mieux que tu ne veux :
   C'en est fait, tu vas être heureux ;
   Je te rends à ton ignorance.

Bon lot! bien à propos tout homme en fut pourvu.
   Sans cela notre impatience
   Ferait un mal d'un bien prévu ;
   Et le mal nous tûrait d'avance.

# APOLLON ET MINERVE MÉDECINS.

Apollon et Minerve étaient bannis des cieux.
    Pour quel sujet? Cela m'importe;
Passons-nous-en; le souverain des dieux,
Quand tel est son plaisir, met les gens à la porte :
    On obéit, faute de mieux.
Que faire, dirent-ils? sevrés de l'ambroisie,
Il faut chez les mortels aller gagner sa vie.
    Moi, dit le dieu, je sais un bon métier.
J'ai bien aussi le mien, répondit la déesse.
    Ils firent choix d'une ville de Grèce,
Et s'établirent là, chacun en son quartier.
    Apollon se fit empirique;
    Guérissait tous les maux du corps;
Des organes usés rajustait les ressorts;
Pour chaque maladie avait un spécifique.
    Quant à Minerve, elle exerçait
    Une plus haute médecine;
    C'était l'ame qu'elle pansait;
En extirpait le mal jusques à la racine.
    L'homme est ami du style charlatan :

Bien le savait la prudente déesse.
Elle l'affecta donc, et comme orviétan,
Elle débitait la sagesse.
Son affiche portait en caractères d'or
Qu'à son art souverain rien n'était incurable,
Que l'on m'amène un scélérat, un diable,
Quelque chose de pis encor,
Je vous le rends blanc comme neige;
Je vous le guéris net d'un seul trait d'élixir.
Au sortir de chez moi les vertus en cortége
Marcheront sur ses pas; il n'aura qu'à choisir.
Je vous redresse un esprit gauche;
Je vous nettoie un cœur gangrené de débauche;
Fièvre d'ambition, au feu toujours nouveau.
Avec redoublement et transport au cerveau;
Mensonge continu, malice invétérée,
Avarice désespérée,
Tous les vices en un monceau,
Je m'en joue, et cent fois j'ai fait semblables cures;
Et n'allez pas penser que ce soient impostures :
Usez de mon remède, et je n'en veux le prix
Que de ceux que j'aurai guéris.
Apollon faisait mieux; on le payait d'avance;
Avant la guérison, il vendait l'espérance.

Cependant tout courait chez le dieu médecin :
Surchargé de pratique, il prenait davantage :
La foule en augmentait ; on eût tout mis en gage,
Plutôt que de manquer le remède divin.
Il fut riche bientôt comme un homme d'affaire,
  Et Minerve n'étrenna pas.

 Les maux du corps font tout notre embarras :
  Ceux de l'ame n'importent guère.

# LE TRÉSOR.

Un prince voyageait, cherchant les aventures,
Mais non pas tout-à-fait en chevalier errant ;
Il marchait avec suite, avait pris ses mesures,
Sa cassette suivait, bon Trésor, sûr garant
Contre mille besoins, enfans de longues courses.
Le courage et l'argent, c'était là ses ressources.
Il aperçoit un jour, écrits sur un rocher,
  Ces mots en vrai style d'oracle :
*Je mène au grand trésor qu'un dieu voulut cacher :*
  *Il est gardé par maint obstacle,*

*Et d'abord, pour premier miracle,*
*C'est par mon sein qu'il faut marcher.*
Perçons-le, dit le prince. On assemble mille hommes,
Travaillant jour et nuit, bien nourris, bien payés ;
　　Et moyennant de grosses sommes,
　En peu de jours les chemins sont frayés.
Le rocher traversé, se présente un abîme.
*Le trésor est plus loin,* dit un autre écriteau :
*Comble-moi.* Soit, comblons, dit l'Amadis nouveau :
　　　Le Trésor, à ce que j'estime
Sur ces précautions, doit être un bon morceau.
　Nouveau travail et nouvelles dépenses.
Mais l'abîme comblé, les belles espérances
Se reculent encor. D'une épaisse forêt,
Un pin gravé lui dit : *Le trésor est tout prêt ;*
　　*Mais pour aller jusqu'à sa niche,*
　　*Il faut abattre bien du bois.*
　Sur nouveaux frais on travaille, on défriche :
La cassette du prince est enfin aux abois.
Il arrive au travers de la futaie ouverte
　　　Dans une campagne déserte.
　Un seul dragon gardien du Trésor,
Lui dit : Ce n'est pas tout, il faut me vaincre encor.
Bon, dit l'autre : il s'agit maintenant de courage ;

Ma bourse était à bout, ma valeur ne l'est pas.
Il fond sur le dragon, qui, réveillant sa rage,
Et d'un regard terrible annonçant le trépas,
   Vomissait un affreux nuage
De fumée et de feux précurseurs du carnage.
   Le prince combat en héros ;
   Le danger même l'évertue ;
Il porte mille coups ; le sang coule à grands flots :
Il est blessé vingt fois ; mais à la fin il tue.
Enfin, voici, dit-il, le trésor qu'on me doit.
Il appelle ; on vient voir ; on calcule la somme :
On trouve, sou pour sou, tout l'argent qu'à notre homme
   Avait coûté ce grand exploit ;
Et d'un baume excellent deux petites mesures,
Juste ce qu'il en faut pour guérir ses blessures.
Le dieu s'était joué du chevalier errant.
   Il voulait par-là nous apprendre,
   Qu'après bien des peines, souvent
   On n'est pas mieux qu'auparavant.
Heureux qui n'est pas pis ! ce sont grâces à rendre.

## LES AMIS TROP D'ACCORD.

Il était quatre amis qu'assortit la fortune ;
    Gens de goût et d'esprit divers.
L'un était pour la blonde, et l'autre pour la brune ;
Un autre aimait la prose, et celui-là les vers.
L'un prenait-il l'endroit, l'autre prenait l'envers.
    Comme toujours quelque dispute
    Assaisonnait leur entretien,
    Un jour on s'échauffa si bien,
    Que l'entretien devint presque une lutte.
Les poumons l'emportaient ; raison n'y faisait rien.
    Messieurs, dit l'un d'eux, quand on s'aime,
Qu'il serait doux d'avoir même goût, mêmes yeux !
    Si nous sentions, si nous pensions de même,
Nous nous aimons beaucoup, nous nous aimerions mieux.
Chacun étourdiment fut d'avis du problème,
Et l'on se proposa d'aller prier les dieux
    De faire en eux ce changement extrême.
    Il vont au temple d'Apollon
    Présenter leur humble réquête ;
    Et le dieu sur-le-champ, dit-on,

Des quatre ne fit qu'une tête :
C'est-à-dire, qu'il leur donna
Sentimens tout pareils et pareilles pensées ;
L'un comme l'autre raisonna.
Bon, dirent-ils, voilà les disputes chassées.
Oui ; mais aussi voilà tout charme évanoui,
Plus d'entretien qui les amuse :
Si quelqu'un parle, ils répondent tous : Oui ;
C'est désormais entr'eux le seul mot dont on use.
L'ennui vint : l'amitié s'en sentit altérer.
Pour être d'accord nos gens se désunissent.
Ils cherchèrent enfin, n'y pouvant plus durer,
Des amis qui les contredisent.
C'est un grand agrément que la diversité.

Nous sommes bien comme nous sommes.
Donnez le même esprit aux hommes,
Vous ôtez tout le sel de la société.
L'Ennui naquit un jour de l'Uniformité.

## LES ANIMAUX COMÉDIENS.

Les Animaux un jour jouaient la comédie.
Théâtre artistement formé de rameaux verts :
    Dans les entr'actes symphonie
    D'oiseaux, de rossignols experts.
Le plus beau cependant n'était pas l'harmonie ;
    Ce qui faisait le plus louer,
C'était l'assortiment des rôles au génie
    Des acteurs qui devaient jouer.
Le lion fait le roi, roi qu'il était lui-même.
    Doute-t-on que sa majesté
  Ne soutînt bien l'honneur du diadême ?
Qu'il ne prit comme il faut le ton d'autorité ?
Le taureau fait l'amant ; air noble, mine haute,
    Et vive flamme dans les yeux ;
    Passion ne lui faisait faute ;
Sentant ce qu'il disait, sentant même encor mieux.
    Le chien, prudent et plein de zèle,
Était de l'amoureux le confident fidèle.
    La génisse à la blanche peau,

Parée encor de sa jeunesse,
Faisait le rôle de princesse,
Recevant fièrement les soupirs du taureau.
Le tigre pour régner ménageait une ligue ;
D'un vrai conspirateur il avait le maintien.
Bref, afin qu'il ne manquât rien,
Le renard conduisait l'intrigue.
Le beau spectacle que c'était
Qu'un choix de tels acteurs, tous dans leur caractère !
Était-ce une action que l'on représentait?
Non, c'était le vrai même ; on ne pouvait mieux faire:
C'était la bonne troupe : aussi l'on s'y portait,
Mais un singe un beau jour en levant les épaules :
O, dit-il, les pauvres acteurs !
Il gagea que lui seul il joûrait tous les rôles !
Et ravirait les spectateurs.
On vous le prend au mot ; il joue,
Contrefait tout en moins de rien.
Mais que servent ses sauts, sa grimace et sa moue ?
En faisant tout, il ne fait rien de bien.
Pour imiter le roi, sur ses pieds il se hausse.
Il fronce le sourcil, crie haut, fait l'emporté,
Et ne met qu'une grandeur fausse
En place de la majesté.

Il fait l'amant sans grâce et sans délicatesse,
Le confident sans zèle et sans discrétion ;
   Met dans le rôle de princesse
Force mines, faux airs, mainte affectation ;
Dans le séditieux ne fait voir que bassesse,
Ne mêle aucun courage avec l'ambition.
  Enfin, au lieu d'un intrigant habile,
    Il ne montra qu'un étourdi.
De sifflets redoublés l'acteur est assourdi.
Que ne se donnait-il pour bouffon, pour agile ?
    Dans la farce on l'eût applaudi.

   La vie humaine est une pièce
  Où nous avons notre rôle à jouer.
Chacun a le sien propre où nature le dresse.
En veut-on prendre un autre, on se fait bafouer.

## LE TYRAN DEVENU BON.

Non, il n'est rien de ce que nous voyons
   Qui ne parle et ne nous instruise.
Tout est matière à nos réflexions ;

Tout événement moralise.

. . . . . . . . . .

Ce qu'un autre nous dit se grave sur le sable ;
Ce que nous nous disons se grave sur l'airain ;
  Ainsi fut fait l'esprit humain :
  Et vous l'allez voir par ma fable.

Il était un Tyran, l'horreur de ses vassaux,
Qui se joua long-temps au gré de son envie,
De leur honneur, de leurs biens, de leur vie.
Guerre, famine, peste, et s'il est d'autres maux,
Tous ensemble eussent moins affligé la province,
  Que ne faisait ce méchant prince.
  Il changea pourtant un beau jour.
Le Tyran se transforme en prince débonnaire ;
Néron devint Titus, et son peuple eut un père.
Il en était l'horreur ; il en devint l'amour.
Un de ses courtisans lui demandant la cause
  De cet étrange changement :
Tout étrange qu'il est, dit le roi, peu de chose
  L'a produit en un seul moment.
J'aperçus un renard, qui, de gaîté de cœur,
Étranglait un poulet qui lui demandait grâce :
Soudain accourt un loup d'aussi mauvaise humeur,

Qui vous met le renard en quartiers sur la place.
Je vois un tigre au même temps,
Qui sur le loup assouvissant sa rage,
Vous le déchire à belles dents ;
Et le tigre après ce carnage
Alla tomber plus loin sous les traits de mes gens.
Je m'avisai de trouver là l'image
De mes tyranniques penchans ;
Et je me rappelai cette vengeance sage
Qui garde en ses trésors un salaire aux méchans.
Le bien ou le mal se moissonne
Selon qu'on sème ou le mal ou le bien.
Cette réflexion fit naître en moins de rien
Tout le changement qui t'étonne.
Sans qu'il en voulût être instruit,
On l'avait mille fois étourdi de ce thême ;
Mais la leçon porta son fruit,
Dès qu'il se la donna lui-même.

## LA VICTIME.

D'une blanche génisse, honneur de son troupeau,
    On fit choix pour un sacrifice.
Le dieu que par l'offrande on veut rendre propice,
N'avait jamais goûté d'un si friand morceau.
    Le front orné de saintes bandelettes,
    Elle brillait des plus riches couleurs.
      La tête couverte de fleurs,
      Elle marche au son des trompettes ;
      Grande musique à plusieurs chœurs.
Que de cérémonie ! eh ! que puis-je connaître,
    Dit la génisse, à tout ceci ?
Serais-je donc déesse ? et pourquoi non, peut-être.
    Aux respects qu'on me fait paraître,
Il faut bien qu'on le pense : eh bien, pensons-le aussi.
    Elle entre au temple, en raisonnant ainsi.
    Nouveaux honneurs : à l'autel on la mène ;
Le feu sacré s'allume ; on fait fumer l'encens.
De sa divinité la voilà plus certaine :
    N'en doutons plus, dit-elle ; je me sens ;

Ils m'adorent ces bonnes gens.
Par le Styx je pairai leur peine.
Certaine mouche alors, fort incivilement,
Bourdonne autour de la génisse :
Tais-toi ; ne vois-tu pas que ton bourdonnement,
Dit la nouvelle Io, trouble le sacrifice ?
A mon apothéose est-ce à toi de souffler ?
Pardon, je ne veux rien troubler,
Dit la mouche : j'attends seulement qu'on t'immole,
Pour te savourer à loisir.
Le mets est bon sur ma parole ;
Ces messieurs savent bien choisir.
Seule, tu vaux une hécatombe.
La mouche parle encor, que la génisse tombe.
Le fer sacré termine ses erreurs ;
De son sang la terre est couverte.

Ainsi les insensés s'applaudissent d'honneurs
Qui les mènent droit à leur perte.

## LES MOINEAUX.

Notre cœur veut avoir sa pleine liberté,
 L'ombre de contrainte le blesse;
Et c'e.t un roi jaloux de son autorité
 Jusques à la délicatesse.
 Cet objet me plaît; mais surtout
 Ne m'obligez pas de m'y plaire.
Ordonnez-moi ce que je voulais faire,
 Vous allez m'en ôter le goût.

. . . . . . . . . . . .

Dans un bois habité d'un million d'oiseaux,
Spacieuse cité du peuple volatile,
 L'amour unissait deux Moineaux;
 Amour constant, quoique tranquille;
Caresse sur caresse, et feux toujours nouveaux :
Ils ne se quittaient point. Sur les mêmes rameaux
On les eût vus perchés toute la matinée,
 Voler ensemble à la dînée,
 S'abreuver dans les mêmes eaux,

Célébrer tout le jour leur flamme fortunée,
    Et de leurs amoureux duos
    Attendrir au loin les échos.
Même roche la nuit est encor leur hôtesse :
Ils goûtent côte à côte un sommeil gracieux :
L'une sans son amant, l'autre sans sa maîtresse,
    N'eût jamais pu fermer les yeux.
    Ainsi dans une paix profonde,
De plaisirs assidus nourrissant leurs amours,
    Entre tous les oiseaux du monde
    Ils se choisissaient tous les jours.
Tous deux à l'ordinaire allant de compagnie,
    Dans un piége se trouvent pris :
    En même cage aussitôt ils sont mis.
Vous voilà, mes enfans ; passez là votre vie ;
Que vous êtes heureux d'être si bons amis !
    Mais, dès le premier jour, il semble
Que le couple encagé ne s'aime plus si fort :
    Second jour, ennui d'être ensemble :
Troisième, coups de bec : puis on se hait à mort.
    Plus de duos : c'est musique nouvelle,
Dispute, et puis combat pour vider la querelle
Qui les apaisera ? pour en venir à bout,
Il fallut séparer le mâle et la femelle.

Leur flamme en liberté devait être éternelle ;
La nécessité gâta tout.

## LE RENARD ET LE LION.

L'homme sans doute envers l'homme son frère
  Est tenu de sincérité :
  Mais il faut souvent pour bien faire,
  Assaisonner la vérité.
  Si le vrai prend dans notre bouche
Le ton impérieux, l'air hautain de leçon,
  L'amour-propre s'en effarouche ;
Il faut l'apprivoiser par un peu de façon :
  Il faut par un humble artifice
  L'aider lui-même à se persuader.

. . . . . . . . , .

Un Renard poursuivi, faute d'un autre asile,
  S'était sauvé dans l'antre d'un Lion.
Le chasseur l'y laissa sans plus d'ambition ;
Violer la franchise eût été difficile.
  Mais le Renard épouvanté

Ne compta guère alors sur l'hospitalité.

 Çà, dit le monarque farouche,
Sois le bien arrivé, tu seras pour ma bouche :
 A quelle sauce es-tu meilleur ? dis-moi ?
 Je n'en sais rien, dit le Renard au roi,
Mais, sire, ce discours et ce regard sévère
 Me rappellent mon pauvre père.
J'en pleure encor quand je pense à sa fin.
Un lapin fugitif lui demandait asile :
Mais mon père trouva la prière incivile,
Et poussé par le diable, il mangea le lapin.
Le lapin en mourant réclama la colère
 De Jupiter hospitalier,
 Et sur-le-champ mon pauvre père
 Fut enfumé dans son terrier.
Le Lion s'en émut, et soit crainte, soit honte,
Soit pitié du renard, sa faim se ralentit.
 Va-t-en, dit-il, avec ton conte,
 Tu m'as fait passer l'appétit.

## LE RAT TENANT TABLE.

Il était un grenier vaste dépositaire
    Des riches trésors de Cérès.
    Un Rat habitait tout auprès,
    Qui s'en crut le propriétaire.
Il avait fait un trou, d'où, quand bon lui semblait,
    Il entrait dans son héritage.
C'était peu d'y manger, le prodigue assemblait
    Les Rats de tout le voisinage.
    Il y tenait table ouverte en seigneur,
    Où, selon l'ordre, tout dîneur
    Payait son écot de louange.
Est toujours bien fêté celui chez qui l'on mange,
Le bon Rat comptait donc ses amis par ses doigts.
( Car il prenait pour siens les amis de sa table ),
    Chacun l'avait juré cent fois :
Voudraient-ils lui mentir ! Cela n'est pas croyable.
    Mais cependant l'autre maître du grain,
Voyant que ces messieurs le menaient trop bon train,
    Se résolut de le changer de place.

Le grenier fut vidé du soir au lendemain.
    Voilà mon Rat à la besace.
Heureusement, dit-il, j'ai fait de bons amis.
Tout plein de cet espoir, chez eux il se transporte :
    Mais d'aucun il ne fut admis.
    Partout on lui ferma la porte.
Un seul Rat, bon voisin, qu'il ne connut qu'alors,
    Ouvrit la sienne et le reçut en frère.
J'ai méprisé, dit-il, ton luxe et tes trésors,
    Mais je respecte ta misère :
Sois mon hôte, j'ai peu, ce peu nous suffira;
    Je m'en fie à ma tempérance.

    Mais insensé qui se fira
    A tout ami qu'amène l'abondance :
Il ne vient qu'avec elle, avec elle il fuira.

## LE BERGER ET LES ÉCHOS.

On nous croirait gens à réflexions :
Mais nous disons beaucoup, et nous ne pensons guère:
    Bien rarement de nos décisions

Sommes-nous les propriétaires ;
Nous répétons de bouche ou par écrit,
Ce que d'autres ont dit bien souvent après d'autres.
Pure mémoire érigée en esprit ;
Jugemens étrangers que nous donnons pour nôtres.
Un seul homme a jugé ; bientôt mille jaseurs
Adoptent son avis comme loi souveraine ;
Et ce torrent de rediseurs
Grossit si fort qu'il nous entraîne.
C'est trop s'abandonner à la pluralité,
Race imbécile que nous sommes.
Ce n'est pas là que gît la vraie autorité.
Pour garans de la vérité
Comptons les raisons, non les hommes.

Nommé par son hameau pour décider d'un prix,
Titire en un vallon bordé de mainte roche,
Rêvait seul, méditait un arrêt sans reproche.
Ciel ! daigne m'instruire, et me dis
Lequel chante le mieux de Silvandre ou d'Atis,
S'écriait-il. L'écho de proche en proche,
Cent fois répète, Atis. Atis chante le mieux !
Dit le Berger surpris. Les échos de redire :
Le mieux, le mieux, le mieux. C'est assez, dit Titire,

Ce suffrage est victorieux.
Il retourne au hameau. Çà, dit-il, je puis rendre
Entre nos deux rivaux un jugement certain.
Atis chante mieux que Silvandre ;
Tout le dit d'une voix dans le vallon prochain.

Nous décidons ainsi, crédules que nous sommes :
Que d'échos comptés pour des hommes !

## LE CHASSEUR ET LES ÉLÉPHANS.

Parmi les animaux l'Éléphant est un sage :
Il sait philosopher, penser profondément.
En doute-t-on ? Voici le témoignage
De son profond raisonnement.
Jadis certain marchand d'ivoire,
Pour amasser de ces os précieux,
S'en allait avant la nuit noire
Se mettre à l'affut dans les lieux
Où les Éléphans venaient boire.
Là, d'un arbre élevé notre Chasseur lançait
Sans relâche flèche sur flèche ;

Quelqu'une entr'autres faisait brèche,
Et quelque Éléphant trépassait.
Quand le jour éloignait la troupe éléphantine,
L'homme héritait des dents du mort :
C'est sur ce gain que roulait sa cuisine ;
Et chaque fois il tentait même sort.
Une fois donc qu'il attendait sa proie,
Grand nombre d'Éléphans de loin se firent voir :
Cet objet fut d'abord sa joie ;
Bientôt ce fut son désespoir.
Avec une clameur tonnante
Tout ce peuple colosse accourut à l'archer,
Environne son arbre, où, saisi d'épouvante,
Il maudit mille fois ce qu'il venait chercher.
Le chef des Éléphans, d'un seul coup de sa trompe,
Met l'arbre et le Chasseur à bas.
Prend l'homme sur son dos, le mène en grande pompe
Sur une ample colline où l'ivoire est à tas.
Tiens, lui dit-il, c'est notre cimetière ;
Voilà des dents pour toi, pour tes voisins :
Romps ta machine meurtrière,
Et va remplir tes magasins.
Tu ne cherchais qu'à nous détruire ;

Au lieu de te réduire aussi,
Nous t'ôtons seulement l'intérêt de nous nuire.

Le sage doit tâcher de se venger ainsi.

FIN.

# TABLE DES FABLES.

## L'ABBÉ AUBERT.

|  | Pages. |
|---|---|
| Fanfan et Colas. | 3 |
| Cloé et Fanfan. | 6 |
| L'Abricotier. | 8 |
| Les Fourmis. | 10 |
| Le Patriarche. | 13 |
| L'Ane et son Maître. | 16 |
| Le Merle. | 18 |
| Les Forçats. | 20 |
| Le Sommeil du Méchant. | 21 |
| Le Sommeil du Méchant, par Bret. | 22 |
| L'Horloge à réveil. | 23 |
| Le Livre de la Raison. | 25 |
| Le Miroir. | 26 |
| Les deux vieilles Chattes. | 27 |
| L'Hirondelle et l'un de ses petits. | 29 |
| L'Ane et le Rossignol. | 31 |
| La Souris et le vieux Rat. | 32 |

## TABLE DES FABLES.

| | Pages. |
|---|---|
| L'Enfant et le Ver à soie. | 34 |
| La Colombe et le Nid de Pinçons. | 36 |
| Le Renard peintre. | 38 |
| La Poule. | 39 |
| Le Parterre et le Potager. | 40 |
| La Perdrix et ses Petits. | 41 |
| Le Lion et le Chameau. | 43 |
| L'Écureuil, la Chatte et le Chien. | 46 |
| L'Ane ministre. | 48 |
| Le Chat, le Singe et le Perroquet. | 50 |

## LAMOTHE-HOUDART.

| | |
|---|---|
| Discours sur la Fable. | 55 |
| Prologue général. | 111 |
| Le Perroquet. | 112 |
| Le Renard et le Chat. | 114 |
| Le Moqueur. | 115 |
| L'Ane. | 116 |
| Le Chat et la Chauve-Souris. | 118 |
| La Ronce et le Jardinier. | 120 |
| Les Singes. | 122 |
| Les Sacs des destinées. | 124 |

# TABLE DES FABLES.

Pages.

| | |
|---|---|
| Les deux Lézards. | 126 |
| Le Bœuf et le Ciron. | 128 |
| La Loterie de Jupiter. | 130 |
| Les deux Statues. | 133 |
| La Magicienne. | 134 |
| Les Oiseaux. | 136 |
| L'Avare et Minos. | 138 |
| La Pie. | 140 |
| L'Enfant et les Noisettes. | 142 |
| Le Lynx et la Taupe. | 143 |
| Les deux Songes. | 145 |
| Les Singes matelots. | 148 |
| La Rose et le Papillon. | 151 |
| L'Orme et le Noyer. | 153 |
| Apollon, Mercure et le Berger. | 155 |
| Le Fromage. | 157 |
| Mercure et les Ombres. | 159 |
| L'Homme et la Sirène. | 161 |
| Les Grillons. | 162 |
| La Montre et le Cadran solaire. | 164 |
| Les Grenouilles et les Enfans. | 165 |
| Le Castor et le Bœuf. | 167 |
| Les deux Sources. | 169 |
| Les Mouches et les Éléphans. | 171 |
| La Brebis et le Buisson. | 174 |

# TABLE DES FABLES.

|  | Pages. |
|---|---|
| Pluton et Proserpine. | 175 |
| Le Conquérant et la pauvre Femme. | 177 |
| L'Estomac. | 180 |
| L'Amour et la Mort. | 182 |
| Le Roi des Animaux | 184 |
| Le Portrait. | 186 |
| Pandore. | 189 |
| Le Chat et la Souris. | 192 |
| Les deux Livres. | 194 |
| L'Homme instruit de son destin. | 197 |
| Apollon et Minerve médecins. | 199 |
| Le Trésor. | 201 |
| Les Amis trop d'accord. | 204 |
| Les Animaux Comédiens. | 206 |
| Le Tyran devenu bon. | 208 |
| La Victime. | 211 |
| Les Moineaux. | 213 |
| Le Renard et le Lion. | 215 |
| Le Rat tenant table. | 217 |
| Le Berger et les Échos. | 218 |
| Le Chasseur et les Éléphans. | 220 |

FIN DE LA TABLE.

www.ingramcontent.com/pod-product-compliance
Lightning Source LLC
Chambersburg PA
CBHW071944160426
43198CB00011B/1542